최상대의 건축공간산책

건축,
스케치로 읽고 문화로 느끼다

學而思 | 학이사

책을 펴내며

건축 문화와 관련하여 여러 매체에 기고한 글과 건축·문화기행을 통해 느낀 생각과 스케치를 정리하여 엮었다.

건축 Architect

-건축은 종합 예술이다.
-건축은 동결된 음악이다.
-건축가는 오케스트라의 컨덕터(conductor)다.

건축에 대해 공부할수록, 건축은 조형적 재능에서 출발하여 다양한 문화 예술과의 감성적 교감을 통해 완성된다는 것을 알게 되었다. 또한 문화 예술과 교감한다는 것은 건축가라는 직업을 갖게 됨으로써 얻는 보너스이며 일상에 여유와 행복이라고 생각한다.

훌륭한 건축가는 좋은 건축 작품을 만들어야 하는 사람이다. 그러나 건축에는 위대한 작품만이 존재하는 것은 아니다. 그에 이르려는 노력과 무수하게 실패하는 과정에서의 경험도 중요하다. 그래서 무엇인가를 쓰고 스케치하여 사소한 것일지라도 남기고자 하였다. 그조차도 남기지 않는다면 미완성의 삶이요, 그저 허무한 생이리라.

우리나라 건축 교육이 '공돌이 노가다'라고 일컬어지는 공학 건축에서 건축학 5년제로 진화한 지도 10여 년이 넘었다. 건축은 공학 예술의 범주에 속할 뿐만 아니라, 건축 인문학이라는 독자적 영역을 가짐에도 불구하고 사회의 인식은 그렇지 못하다.

건축의 3요소를 '기능·구조·미'라고 일컫지만 현실에서 가장 중요한 요소는 '건축주·건축가·시공자'라고 생각한다. 좋은 건축은 좋은 건축주(owner)없이는 불가능하고 좋은 능력과 마인드를 가진 설계자, 성실한 기술의 시공자 없이는 완성될 수 없다.

나는 "건축이 예술이냐?"라는 질문에 건축주, 건축가, 시공자 모두가 "그렇다!"라고 답할 수 있기를 기대한다.

문화 Culture

나는 건축을 문화적인 시각으로 바라보고자 하였다. 직업으로서 건축설계 업무 외에 건축가협회, 예총, 대학 강의, 기고, 자문 위원회 활동 등에 많은 시간을 할애하였다. 이러한 활동들은 사회와 시민들의 건축 문화 인식에 대한 향상과 문화 예술 발전을 위한 일이었다. 특히 대구예총의 예술소비운동은 전국에서 처음 시작한 예술 문화 활동으로 타 지역 사람들과 언론에서도 많은 주목을 받았다.

'한 달에 한 번 미술관과 공연장을 찾고 한 권의 책을 읽자'는 것이 예술소비운동의 취지이다. 회원들을 위한 권유가 아니라, 나 자신을 위한 문화생활이라고 생각하고 있다.

건축 답사를 다니거나 남이 만든 좋은 건축 작품들을 감상하고 돌아오는 길엔 마음이 무거워질 때도 있다. 내가 만들지도 못하면서 타인의 작품을 찾아 다니는 것은 아닐까 하는 자괴감이 들었기 때문이다. 그러나 '읽지 않고 보지 않고 느끼지 않고'서는 좋은 생각과 남다른 창의성이 나올 수가 없으며, 건축을 '미술처럼 바라보며 음악처럼 감상하는' 즐거움도 발견하지 못했을 것이다. 특히 선현들이 이루어 놓은 우리의 고전 건축이나 생소한 지역, 해외 답사는 건축에 국한되는 것일 뿐만 아니라 여행의 발견, 생의 즐거움 또한 선사해 주었다.

문화 예술은 미술 음악 독서만을 지칭하지 않는다. 이 시대 삶의 보편적 행복을 이루고 있는 인자 요소들이 모두 문화 예술이라고 생각한다. 그래서 문화예술운동이란 현대사회의 불안, 도덕성 붕괴, 인간성 상실을 회복하는 가치 운동으로 인식되어야 한다고 생각한다. 건축에서도 보편적 상식과 수준, 안목으로서의 건축 문화가 절실히 필요하다.

POSTECH. Digital Lounge. '10. 4. 17

스케치 sketch

오래 남겨지는 건축 작품을 만드는 것이 곧 건축가의 꿈이다. 그것이 아니라면, 지나가 버리는 생각이라도 글로 남겨야 했고 스쳐가는 풍경이라도 스케치하려 했다. 후일 아무것도 남기지 못한 건축 인생이 되는 건 아닐까 불안하고 두려웠기 때문이다. 언젠가부터 작은 스케치북과 펜이 항상 나와 함께 하기 시작했다. 사무실 책상에도, 자동차 옆자리에도, 거실 탁자에도, 가방 안에도, 잠자리 머리맡에도. 여행지나 미술관에 가면 기념으로 그 곳의 스케치북과 펜을 구입한다. 그래서 똑같은 스케치북이 없고 각양각색이다.

금강산 여행을 갔을 때다. 출입국관리소를 거쳐 DMZ를 지나는 버스 안은 사진 촬영도 할 수 없는 긴장과 침묵의 순간이었다. 난생 처음 바라보는 비무장지대의 풍경이 너무나도 생경하였고 그냥 지나치기가 무척 안타까웠다. 그 순간 할 수 있는 유일한 것이 바로 스케치였다. 촬영 금지구역은 있어도 스케치 금지구역은 아직 이 세상에 없었다.

스케치북은 손 안의 제도판이자 카메라 눈이다.

언제, 어디에서나 생각을 기록하고 주변을 스케치할 수 있다. 그래서 작품이라 말하기에는 거칠고 직관적이고 개인적이다. 스케치북의 모양과 크기, 재질에 따라 그 느낌은 달라진다. 볼펜, 연필, 플러스펜, 사인펜, 마카에 따라서 건물과 풍경은 다르게 해석되고 완성하기 전까지는 어떤 그림이 될지 알 수도 없다. 똑같은 건물 또는 장소에서 몇 년 후 다시 그린 스케치는 새로운 것이다. 가끔 여유 있는 주말 오후에 색연필과 수채화로 표현을 더하는 시간도 즐겁다. 캔버스를 펴두고 유화 작품을 그릴 시간적 정신적 여유가 아직은 없다. 다급한 마음으로 작은 메모장에 볼펜으로 후다닥 그려보는 수준이다.

후일, 대구 도시의 거리와 건축물을 스케치로 정리하는 작업과 그 작은 스케치들로 전시회를 갖게 되는 기회를 기대해 본다.

감사의 말

　사랑하는 두 아들 시훈 시우와 새 식구가 된 설이, 그리고 아내 새암 이영숙에게는 지금까지 가장으로서 안온한 그늘을 드리워 주지 못했다. 이 소박한 책의 탄생으로 아버지와 남편으로서의 체신이 조금이라도 섰으면 하는 바람이다.

　항상 멋진 모습으로 문화 예술의 길을 앞장서 주시는 대구예총 문무학 회장님, 동행자인 건축가협회 사람들, 건축학과 교수님들, 어설픈 책이 나오게 되기까지 오랜 시간 애쓴 학이사 관계자 모든 분들, 그리고 나의 든든한 후원자 '건축공간산책' 카페 가족께 진심으로 감사드린다.

2013년 초가을에
思호 최상대

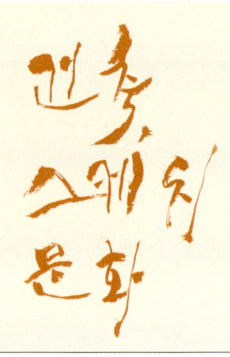

최상대의 건축공간산책

목차

제1부
건축, 정지된 음악

산세와 누각의 조율 - 부석사	10
공간의 여유, 삶의 여유	12
마천루의 꿈	14
패션 환경도시	17
낯선 새로움	20
건축에도 문화가	24
건축, 정지된 음악	27
사랑으로 짓는 집	30
이상한 도시	33

제2부
낮아짐의 미학

도시의 언덕 - 대구 청라언덕	38
진실과 왜곡, 그 불안한 경계	40
'脫경계'가 '新경계'	42
낮아짐의 미학	45
문화유산 지키기	47
최소와 최대를 넘어서	50
속도는 동행이다.	52
전통, 그 이후	54
소통의 절실함	57
자연의 順理	59
문학과 건축 사이	61
레인 메이커	64
건축과 기업 이미지	66
소중한 잃어버림	69

제3부
명품 건축이 명품 도시를 만든다

이제는 대구 FC - 대구 스타디움	74
도시의 중심은 디자인이다	76
그래도 강은 흐른다	79
서울문화에서 지방의 문화를 보다	82
대통령의 집	85

	좋은 길은 좁을수록 좋고 나쁜 길은 넓을수록 좋다	88
	해체, 파괴인가 창조인가	90
	북경에서의 하루	93
	공동을 위한 중심선, 가이드라인	97
	우리 도시의 의자	100
	우연에서 발견하는 행운	103
	마당 넓은 집, 마당 깊은 집	106
	명품건축이 명품 도시를 만든다	110
	사라지는 것에 대하여	113
	대청마루 누마루의 교감 - 병산서원	118
제4부 **유럽 건축 기행**	파리와 에펠탑	120
	르꼬르뷔제와 현대건축	125
	사보아 주택	128
	APT건축의 조형성 - I	132
	APT건축의 조형성 - II	137
	루브르 궁의 피라미드	142
	하이테크 건축 - 퐁피두센터	146
	21세기 환상공원 - 라빌레뜨	150
	카메라의 눈 - 아랍세계연구소	156
	건축가의 오케스트라 '산업과학박물관'	162
	지하의 도시공간 - 레알광장	167
	미래의 개선문 - 그랑 아르슈	173
	비엔나의 낭만 훈데르트바서 하우스	180
	도시속의 미술관 - 클로어 갤러리	182
제5부 **스케치 기행**	여행 - 동대구역	190
	일본	192
	중국	210
	금강산	228

제1부
건축, 정지된 음악

공간의 여유, 삶의 여유
마천루의 꿈
패션 환경도시
낯선 새로움
건축에도 문화가
건축, 정지된 음악
사랑으로 짓는 집
이상한 도시

산세와 누각의 조율 - **부석사**

어느 건축 전문지에서 건축가들이 선정한 가장 아름다운 전통건축에 부석사의 안양루가 선정된 적이 있었다.
종묘, 병산서원, 해인사, 수덕사 등의 우리 전통건축에는 객관적으로는 설명할 수 없는 제 각각 고유의 아름다움이 깃들어 있다. 부석사의 아름다움에 대해서는 최순우 선생의 '무량수전 배흘림기둥에 기대어서서'와 유홍준 교수의 '나의 문화 유산답사기'를 통하여 진정한 매력과 전통건축의 미에 대해서 알게 되었는지도 모른다.

우리 전통건축의 매력은 처마의 곡선이다. 그 곡선은 아래에서 위를 올려볼 때 나타나는 3차원의 곡선, 즉 후림과 조로라고 칭하는 수평적 곡선과 수직적 곡선의 절묘한 만남이다. 그 곡선의 멋진 모습은 바로 부석사의 범종루 아래에서 바라보는 안양루와 무량수전의 모습이라고 생각한다.

산바람을 따라서, 소백산 산세를 바라보며, 점차적으로 올라가는 산의 지형을 따라 오르다 보면 범종루 누각 아래에 다다른다. 세월의 흔적이 켜켜이 새겨진 거친 기둥, 정교하게 잘 다듬어진 석축, 산세 아래 학의 나래 같은 기와지붕의 우아한 자태, 그 안양루 누각 아래를 오르면 무량수전 배흘림기둥의 마당, 텅 빈 충만에 도달한다.

푸르름과 산바람이 숨 쉬는 안양루에 올라서서 세속에 찌든 답답한 가슴은 비워 버리고 산세와 기와지붕의 조율을 큰 호흡 안으로 휘감아 들여보자.

공간의 여유, 삶의 여유

한참이나 아득한 2천500년 전 중국 성인의 고전이 큰 인기를 끌고 있는 이유는 고전에 담긴 사상적 가치나 강론자의 개성을 떠나 시공을 초월한 그 무엇이 있기 때문이다. 현대문명을 앞지르는 시대를 살아가면서도 공허하기만 한 삶, 황폐해가는 정신문화를 충족시키는 진정한 삶의 가치와 실천 해법이 수천 년의 시공을 초월하는 것이 아닐까?

우리의 선현들은 '비어있고 고요하며 다투지 않는 삶'의 방식을 세상사의 교훈으로 생각하고, 무위자연사상을 건축과 생활공간 속에서 실천해 정신적으로 여유로운 삶을 살아왔다. 경관이 좋은 곳은 누(樓)와 정자를 만들어 현실 목적기능만이 아닌 우주적 자연을 교감하고 향유하는 고도의 정신적 사이버공간을 구축해 활용했다고 볼 수 있다. 산수가 뛰어난, 조용한 산기슭의 향촌에 위치한 향교는 배움의 장소이면서 선현을 받들고 수양하고 도의를 실천하는 종합공간이었다. 경북 안강의 독락당, 전남 담양의 소쇄원, 경북 안동의 병산서원과 영주 부석사에서 느끼는 감동을 단순히 아름다운 전통 건축물이라고만 표현하지 않을 것이다. 거기에는 풍수지리학과 조형미, 건축론만이 아니라 성리학적 수양론, 불교적 우주론을 포함해 곧 자연을 문화화 하고 있음을 짐작할 수 있다. 그런 자연 속의 공간을 통해 풍류와 사랑, 은둔과 실천, 삶과 지혜를 깨우치지 않았을까?

현재 우리는 이 도시 속 어디에 자기만의 공간을 간직하고 있는가? 지친 삶을 잠시 쉬게 하고 새로운 용기와 지혜를 충전할 공간,

잠시 도시를 탈출하고플 때 은거할 수 있는 진정한 장소 말이다. 사춘기 청소년들은 외로움을 숨길 은밀한 다락방, 혼자 오르던 사색의 뒷동산 언덕을 잃고는 PC방이나 컴퓨터 가상공간에서 밤을 지새운다. 대화방과 노래방, 찜질방, 구이방은 많지만 고독할 때 벗을 청해 밤새 술잔 기울일 수 있는 사랑방은 현대에 더 이상 존재하지 않는다. 공간이 사라지고 없는 만큼 우리네 삶의 여유가 없어진 것이다.

영주 부석사 –
가장 아름다운 전통건축으로 꼽히는 안양루

텅 빈 충만 –
안양루 누마루를 지나면
무량수전 앞 절 마당을 만난다.

마천루의 꿈

예로부터 인류는 지상에서 하늘로 높이 오르고자 하는 꿈과 욕망을 끊임없이 실행해왔다. 고대 태양신을 향한 제례의식 장소의 스톤헨지, 오벨리스크, 중세 고딕양식의 종교건축, 근대 산업도시의 고층화에 이르기까지 높이의 변화는 건축의 발달과정이자 종교와 인류문명의 진보 과정이기도 하다.

지금도 건축 구조가들은 시시각각 마천루 높이기 경쟁에 몰두하고 있고 과학자들은 지구의 중력을 벗어난 우주에까지 생활 공간화를 연구하고 있다. 세계 최고건물의 영예는 '엠파이어스테이트 빌딩'(2001. 9. 11 테러에 의해 붕괴됨)이 40여 년간이나 지켜왔고, 70년대에는 미국의 세계무역센터 '시어즈 타워'가, 90년대는 중국의 3개 빌딩에 이어서 말레이시아의 '페트로나스 트윈빌딩'이, 지금은 '버즈 두바이 칼리파 빌딩'(높이:828m 층수:163층 2010년)이 최고를 지키고 있지만 갈수록 그 수명은 짧아지고 있다.

건물의 초고층 화는 집중화된 업무공간의 요구성도 있겠으나 국가의 자긍심, 도시의 상징성, 기업의 인지도 등 간접적인 시너지 효과를 더 많이 거둔다고 할 수 있다. 홍콩의 영국 반환(1997년) 이후, 상해시 포동지구 고층화 개발 계획은 최첨단 국제도시로의 이미지와 효력을 그대로 반영시키는 실례이다. 또한 사막지대인 중동지역 국가들은 고층 첨단도시 구상들로 석유 이후의 미래국가를 위한 투자를 지속하고 있는 것이다.

그러나 마천루는 도시의 집중화, 교통문제, 비인간적 환경, 천재

쿠알라룸푸르 페트로나스 트윈 타워(Petronas Twin Towers)
시저펠리 설계, 높이 451.9m, 1998년에서 2003년까지 세계 최고 높이였고 세계 가장 높은 쌍둥이 건물이라는 칭호를 유지하고 있다. 삼성건설이 2번 타워와 스카이 브리지를 건설하였다

지변에의 대응문제 등 자연 질서에 역행하는 현상을 증폭시키고 있다. 유전자 복제와 게놈지도 완성이 인류의 행복만을 예약할 수 없듯이 땅에서 멀어지고 자연과 분리되어서 과학에만 의지하는 생존환경은 편리할 수는 있을지 몰라도 결코 인간 중심적 공간은 아니다.

영화 타워링(The Towering Inferno) 에서 소방관 마이클(스티브 맥퀸)은 건축가 로버트(폴뉴먼)에게 '건축가들은 최고 높이 오르는 경쟁만 할 뿐 정작 그 안의 사람들은 안중에 두지 않는다' 고 분노한다. 그럴지언정 세계의 도시들은 기념비적인 마천루 만들기를 포기하지 않는다.

9.11 테러로 무너진 월드트레이드센터

패션 환경도시

런던 스위스리 빌딩(노먼 포스터 설계)
오이 같은 형태로 커킨 빌딩으로 불린다.

한때, 우리 도시의 화두는 '밀라노 프로젝트'였다. 이는 시정 차원의 공익 캠페인이 아니요, 관련 분야를 위한 실업 대책용도 아니요, 밀라노를 한번 닮아 보자는 도시정비운동은 더구나 아니었다. 여기에 우리 도시 '존재의 이유'이자 생존하는 방법까지 직결되어 있었기에 당시에는 선택의 여지가 없었던 프로젝트라고 생각 한다. 당시 건축가협회의 심포지엄 토론회 주제도 '밀라노 프로젝트와 건축'이었다. 시민 전체가 패션문화를 제대로 수용하고, 전시·공연 등 문화적 감성과 산업이 밀접하게 관련되는 문화도시를 지향해야 한다는 때 이른 발상이기도 했다. 특히 도시설계와 도시의 가로, 건축물은 가시적

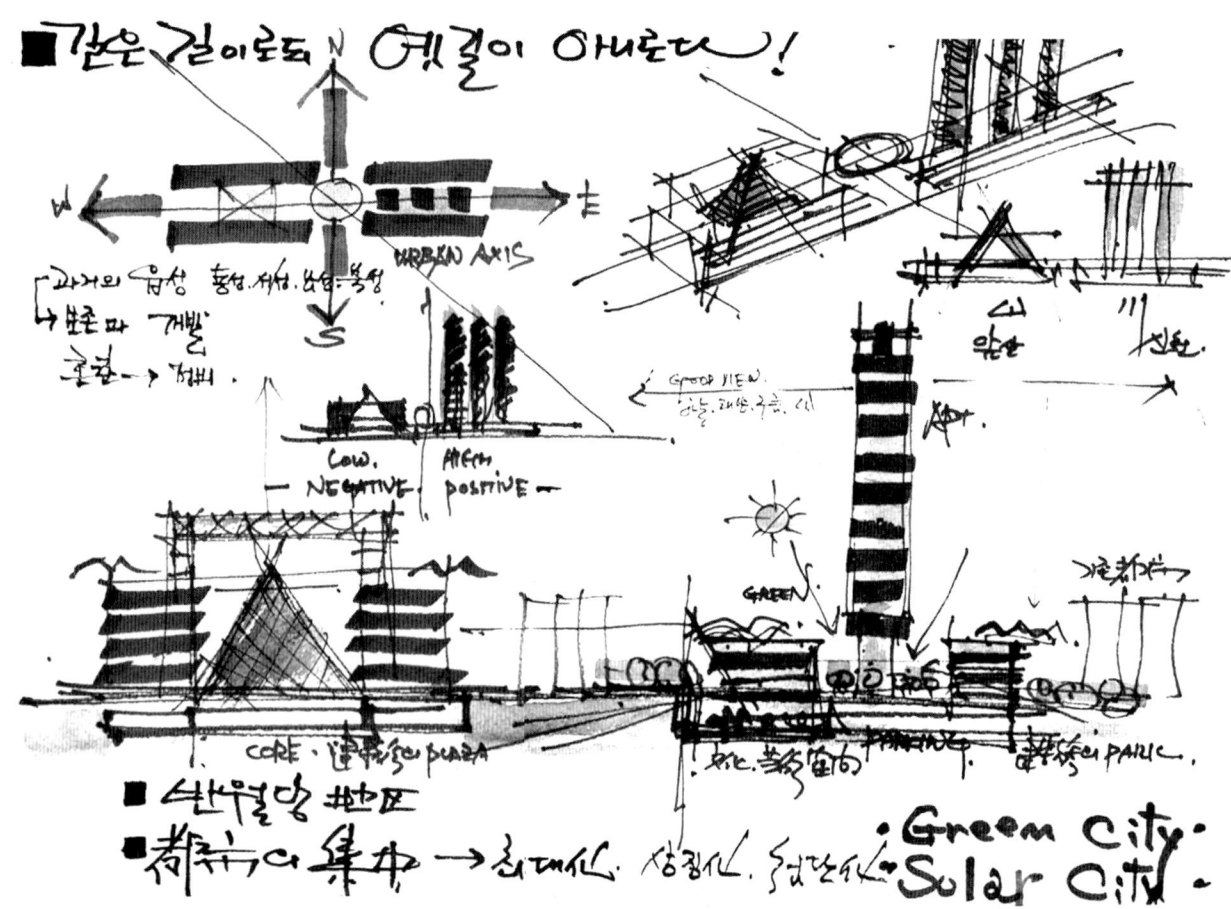

도심지 재개발 재건축 사업으로 주상복합 고층 건물이 우후죽순 생겨나고 있다.
최대 용적을 채우는 일관된 형태를 탈피하고자 하는 계획 스케치 (1999년)

이어서 사업 성패에 직접적으로 영향을 끼치기 때문에 그 중요성은 토론장을 벗어나 시민들이 더욱 공감하고 인식해야 할 사항임에 틀림없었다.

80년대 프랑스 미테랑 정부의 빅 프로젝트(BIG PROJECT) 사업에 따라 파리가 혁신하며 경제회생에 성공했듯이 프로젝트 사업을 기회로 대구의 환경이 변화하고, 건축문화가 발전하며 그로 인한 부가가치도 커지는 기회이기를 바랬다.

검단동에 컨벤션센터와 패션센터가 세워졌고, 봉무동에 패션 비즈니스 센터와 패션 스트리트가 포함된 대규모의 패션어패럴 밸리 조성 계획이 시작되었다. 신천은 수변 휴식공간과 도시 순환도로로 변신하였다. 도시 전체는 지속적인 조경화 사업으로 찜통도시의 오명에서 탈출하였고, 세계10대 솔라 환경도시로도 인정받았다. 전국에서 유례가 없었던 담장 허물기 운동의 전개로 보수적이고 폐쇄적인 도시 이미지 변신과 함께 가로경관을 변화시키며 녹지도시, 환경도시로 변신하게 되었다.

이러한 움직임에는 가까이의 생활환경, 주거환경, 가로환경의 조성에 관공서가 아닌 시민의 몫이 분명 있다. 최소비용 최대이익의 싸구려 건축수준을 벗어나야 하고, 아름답고도 품위가 있는 건물과 간판 하나하나에서부터 미적요소와 환경요소를 시민 마인드에서 갖추어야 하는 것이다. 마치 새마을 운동처럼 무관심과 냉소적 분위기, 불신과 반어적 논리는 접어두어야 하는 것이다.

그로부터 십수 년 후, 6천800억을 투입한 밀라노 프로젝트는 실패로 판정되어 졌다. 이탈리아 밀라노라는 도시와 작은 제품 브랜드의 명성이 있기까지 수백 년, 몇 대의 가문을 이어서 내려온 시간과 전통을 무시하고 잊어버려서 일까? 십여 년 내에 결과를 이루어야한다는 조급증이 프로젝트를 망쳐버린 것이다. 그러나 실패도 기억해야한다. 밀라노 프로젝트는 여전히 진행되고 있는 우리 도시의 디자인 사업이어야 한다.

낯선 새로움

　수년 전, 새해 새로운 시간과의 만남은 위도 38도선을 한참 지난 진부령에서였다. 어둠 속의 차 안 라디오에서 흘러나온 첫 음악은 낯선 북한방송의 행진곡이었고, 잡음을 피해 누른 첫 CD 음악은 안치환이 건조한 음색으로 절규하는 자유 평화 사람의 노래였다.

동해의 떠오르는 첫 해를 좇아서 구비 구비 어둠을 뚫고 달려간 진부령 계곡의 여명(黎明)은 화선지 필묵처럼 점점 엷게 번져가고 있었다. 바다로 흘러들면서 낮아지고 섬세해지는 산천, 작은 마을의 새벽연기, 아득히 펼쳐지는 설악의 은빛 능선, 높은 고갯길을 올라서니 갑자기 전개되는 망망대해 동해! 검푸름 이후 시간의 속도에 따라 황홀하게 변신하는 일출, 새해 새 아침의 감동은 아직도 선연한 새로움으로 가슴에 묻어있다.

인터불고 호텔, 영남제일문,
아양교가 보이는 금호강변의 경관 실루엣

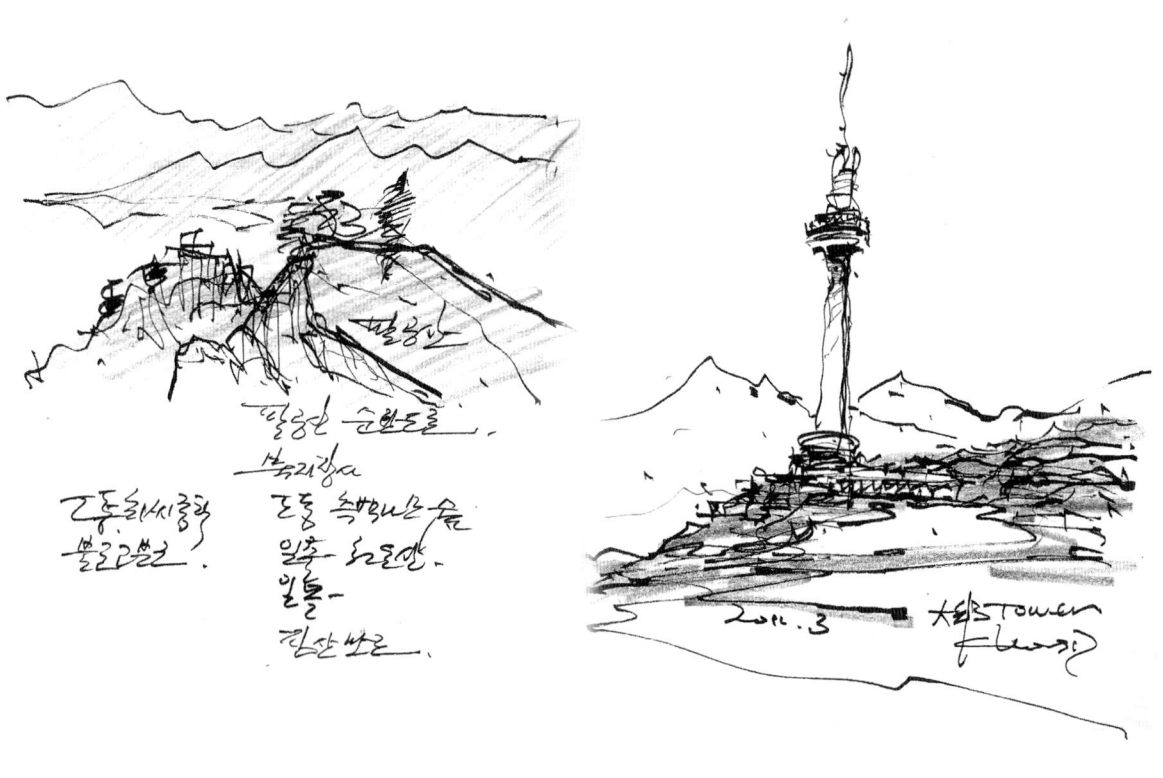

　문득문득 낯선 길에서 마주치며 느꼈던 새로움과 감동을 되새김하는 것, 그것은 구태의연한 생활에 활기와 또 다른 즐거움을 덤으로 준다. 쉽게 도시를 떨치고 낯선 새로움을 찾아서 내달릴 수 없는 일상이다. 그래서 무심결 지나쳐 버리는 주변과 도시의 언저리에서라도 무언가를 찾기 위한 애정의 눈길과 사소함에도 감동하려는 작은 마음을 준비하기로 했다.

복잡한 업무로 매주 몇 차례씩 지방을 오가던 때가 있었다. 고속도로 중간 휴게소 뒤의 언덕은 내게는 항상 신선한 장소였다. 넓은 강이 펼쳐져있는 느티나무 아래에서의 커피 향과 함께 스케치북을 펼치고 생각에 잠기는 공간과 시간으로 1년여의 힘든 출장길도 항상 가슴은 설레었다.

시간에 쫓겨 달리기만 하는 신천의 도로, 도시의 새로운 실루엣 - 낯섦과 새로움이 보인다. 항상 보아 왔던 건물과 앞산을 낮은 시점 다른 앵글에서 비켜보는 새로움이 있고, 석양 무렵 역광으로 나타나는 차창 화폭엔 볼품없는 것과 초라함이 생략된 아름다운 도시의 스카이라인이 있다. 밤의 야경과 물의 반영(反影) 또한 과거 없었던 정경이다.

건축에도 문화가

"요즘엔 평당 설계비를 얼마씩 받습니까? 평당 공사비는요" "아파트 가격이 오를 것 같습니까?" "우리 아이가 건축과를 희망하는데 장래가 괜찮을까요?" 최근 들어 많이 받는 질문, 그것도 건축이라는 분야에 상당히 예의(?)를 갖춘 질문이다.

르 꼬르뷔제-
상 / 근대건축의 5원칙을 적용한 사보아 주택, 파리 근교에 위치하며 주택 보존을 위해서 도시계획을 변경
하 / 건축가의 조소적 조형미가 드러나는 롱샹교회, 여러 방향에서 각기 다른 새로운 형상으로 나타나며 내부의 빛을 연출하는 창의 형태도 다양하다.

건축에는 경제만이 아니라 문화, 예술도 있음을 설교(?)하려 하면 의아한 표정과 낯선 분위기로 바뀌어 버린다. 사실 건축분야는 부동산 실물, 생활경제에 직접적으로 관련되어 있어 문화 또는 예술의 범주로 인정한다는 것은 지극히 특별한 경우인 것처럼 여겨지고 있다.

경제수준은 높아졌지만 좋은 가구나 비싼 아파트에는 관심을 두면서도 정작 일생에 한 번쯤 아름다운 주택을 설계하고 지어보려는 것은 관심일 뿐 실천하는 일은 그리 흔하지가 않다. 부동산 투자의 수단으로서의 건물, 그의 대상이 되는 건축설계에도 유행이 있고 지극히 제한적이다. 한때, 국적 불명의 러브호텔이 유행했고, 경관 좋은 곳에는 가든이라 불리는 고기집 식당이, 불가마 찜질방, 일률적 기능 형태의 원룸 다가구주택이 유행했다. 현물성 투자와 수익의 급급함에 건축인허가도 그에 따라서 급급할 수밖에 없었던 것이다. 경제만 있을 뿐 문화라고 할 틈이 없다.

좋은 건축을 인정하고 요구할 때에 당연히 훌륭한 건축물과 건축가가 생겨난다. 훌륭한 건축과 건축가가 많을수록 아름다운 도시가 조성되며 그 도시는 잘 알려지고 외부인들이 찾게 된다. 따라서 문화적, 경제적 상승효과도 부가되는 도시를 문화도시 라고 일컬을 수 있을 것이다.

후랭크 게리의 독특한 조형성으로 설계된 스페인의 빌바오 '구겐하임 미술관'은 97년 설립 이후 인구 30만 도시에 연간 100만 명이 넘는 방문객이 독창적인 미술관을 보기 위해 몰려들고 있다. 전시가 아니라 미술관 건축을 감상하려는 것이다. '꼬르뷰제'는 서거(1887~1965)했지만 파리 곳곳에는 그가 설계한 작은 주택들이 보존되어 세계 건축인들의 발길이 끊이지 않으며 오래된 주택 '빌라 사보아'의 보존을 위해 도시계획을 변경하고 도로를 우회 시키며 건축을 보존한다.

'국립현대미술관 2002 올해의 작가'에 건축가 승효상 씨가 처음으로 선정되었고 대규모 건축 작품전시회가 열렸다. 그 작가는 "건축주 탓 만 하지 말고 설득해야 한다. 설득이 안 되면 설계를 안 하면 된다"고 지극히 반 문화적(?) 발언을 한다. 건축주의 요구를 거부하고 설계를 포기할 수 있는 건축가가 존재할 것인가? 그의 건축주에 대한 건축적 오기가 건축문화가 척박한 이 땅에서 걸출한 건축가로 남게 했는지도 모른다.

건축, 정지된 음악

'건축은 정지된 음악이다.' 괴테는 시각으로 보이는 건축을 청각으로 감지되는 음악에 비유하여 예찬 하였다. 기능과 조형성의 차원을 넘어서 인간의 심상으로 감지되는 3차원의 감성, 즉 음악적인 화음과 리듬의 조화, 선율의 아름다움이 동결되어 건축에 담겨져 있다는 표현이다. 그 화음과 선율에는 연주(건축물)하고 감상(사용자)하는 상호 교감의 정서가 형태로 존재한다.

건축은 시간과 더불어 후일에까지 문화적 사회적 정치적 분위기까지를 전달하는 시대의 거울이다. 그리스 아테네의 아크로폴리스는 시민들의 경제, 정치, 상업 축제의 광장 '아고라(Agora)'를 중심으로 다양한 역할의 건축물이 조화롭게 연주되고 있었음을 건축유적과 기록으로 알 수 있다. 절대권위의 신전과 주랑(스토아), 시장, 공공기관, 극장 등은 아름다운 화음 속에서 민주정치가 싹트고 철학과 예술, 문화가 생성하는 민중의 공공장소였다.

반면에 엄청난 스케일의 영역과 기하학적 정원, 화려함의 극치를 보기 위해 수많은 관광객이 모여드는 프랑

유럽의 도시들은 시공을 초월한 중세 고전건축들이 도심지에 살아 숨쉬고 있다.

스의 베르사이유 궁전은 루이 14세 왕정시대의 권력을 상징하는 절대자를 위한 건축이자 민중과는 불협화음을 이루는 광시곡이 아니었을까? 과다한 장식과 건축적인 만용으로 대표되는 바로크적 연주는 결과적으로 민중의 분노를 유발시키는 시민혁명의 서곡이 되었던 것이다.

일제 강점기의 총독부가 권력과 위엄을 상징하는 힘의 건축을 이 땅에 세우기 시작한 이후, 우리 스스로도 숱한 세월 동안 일률적이고 단조로운 힘의 행진곡만을 연주하며 감상하고 있었는지도 모른다. 시민을 위한다는 관청과 공공건물, 학교 건축까지도 좌우대칭으로 힘의 균형만이 절대적인 양, 긴장되고 엄숙한 제국주의적 분위기에서 한참동안 벗어나지 못하고 있었지 않았던가?

그리스 파르테논 신전

여의도 국회의사당. 유럽고전건축의 열주와 돔을 조형화하였다.

혹시 여의도 국회의사당의 돔과 열주의 모습이 총독부식 투구, 파르테논식 권위와 경직된 표정의 레퍼토리가 아니었다면, 여당과 야당은 한결 아름다운 마음과 여유로운 유연함으로 신세기 환상곡을 연주할 수 있을 지도 모를 일이다.

사랑으로 짓는 집

오지에서 의료 봉사활동을 하는 현대판 슈바이처의 소식을 듣기도 하고, 철거민과 노동자 등 소외 계층을 위해 투쟁하는 인권 변호사를 가끔 보기도 한다. 최근에는 영세민 무주택 가정과 재해를 당한 사람들에게 집을 설계해 주고 지어 주는 봉사활동이 소개되고 있다. 집을 짓기 위해서는 부지가 확보되어야 하고 설계와 감리, 인·허가, 건설 등 많은 시간과 인력, 돈이 들기 때문에 개인적인 의지만으로 실천하기가 결코 쉽지 않은 일이다.

영세민 무주택자에게 집을 지어주는 세계적인 운동인 '사랑의 집짓기 운동(Habitat For Humanity)'은 이런 어려운 문제들을 뛰어넘어 시행되고 있다는 점에서 의미가 깊다. 이 운동은 다양한 자원봉사자들이 주축이 되어 몸으로 실천하는 인도주의 운동이요, 공동체 회복운동이다. 20대 후반의 나이로 백만장자가 된 미국의 변호사 밀러드 풀러 부부는 물질만 추구하는 의미 없는 생활에 회의를 느끼고 진정한 삶, 나 아닌 우리를 위한 삶을 살고자 전 재산을 헌정, 가난한 사람들에게 안정적이고 건강한 삶을 위한 집을 지어주는 사역을 자청했다. 그의 이 같은 노력이 모태가 되어 1976년 세계 해비타트운동이 시작됐다. 이후 76개국에서 10만 채 이상의 집이 세워졌고, 지미 카터 전 미국 대통령 등 유명 인사와 대기업들의 후원으로 확산됐다. 국내서도 1992년 공식기구로 발족, 전국 7개 지회가 국내는 물론 해외에까지 집짓기 운동을 펴고 있다.

병산서원

　미국의 카터 전 대통령이 자원 봉사단장인 'Jimmy Carter Work Project(JCWP)'는 해마다 전 세계를 돌며 지원활동을 하고 있다. 2001년 8월에는 카터 부부와 세계 각국의 자원봉사자들이 방한하여 경산 남천면 '사랑의 마을'에서 집짓기 사업에 참여하였다. 행사 첫날 카트 전 대통령 부처가 청바지 작업복 차림으로 행사장에 참석하였을 때, 우리의 관료와 참석자들은 넥타이 정장 차림에 축사 환영사로 뙤약볕 아래에서 시간을 소비하고 있었다. 우리의 대통령, 정치인, 기업인들이 현직에서 물러난 이후 국가와 사회를 위한 진정한 봉사 활동의 사례가 드물다. 나라와 국민을 위하고 봉사한다는 지도자의 진정성 존경심을 갖게 하는 사례가 일상화되기를 국민들은 기대하는 것이다.

　모두가 어려운 때다. 하지만 더욱 어려운 사람을 위한 '나눔과 사랑으로 짓는 집'은 혜택을 받은 사람들의 가슴 속에 영원한 마음의 집으로 남게 될 것이다.

이상한 도시

　산업화 이후 인구의 집중현상으로 생겨난 도시는 지금까지는 인구수용 논리에서 확산과 팽창을 거듭해 왔지만 미래에는 인간중심의 환경적 논리에서 도시의 지속가능성에 관심을 두어야 할 것이다.
　물질문명에 의해 구축되는 대형도시(Metroprlitan)가 머지않아 스모그에 태양 빛을 잃고, 밤과 낮이 없는 이상기후현상으로 죽음의 산성비만 음습하게 내리는 비참한 도시의 운명을 영화 '블레이드러너(Blade Runner)'가 잘 보여주고 있다. 인간이 살아가야 하는 도시는 장기적인 계획과 지속적인 정책 투자에 의해서 변모, 발전되어 가는 것을 아름다운 도시로 널리 알려져 있는 파리를 통해 비교해 볼 수가 있다.

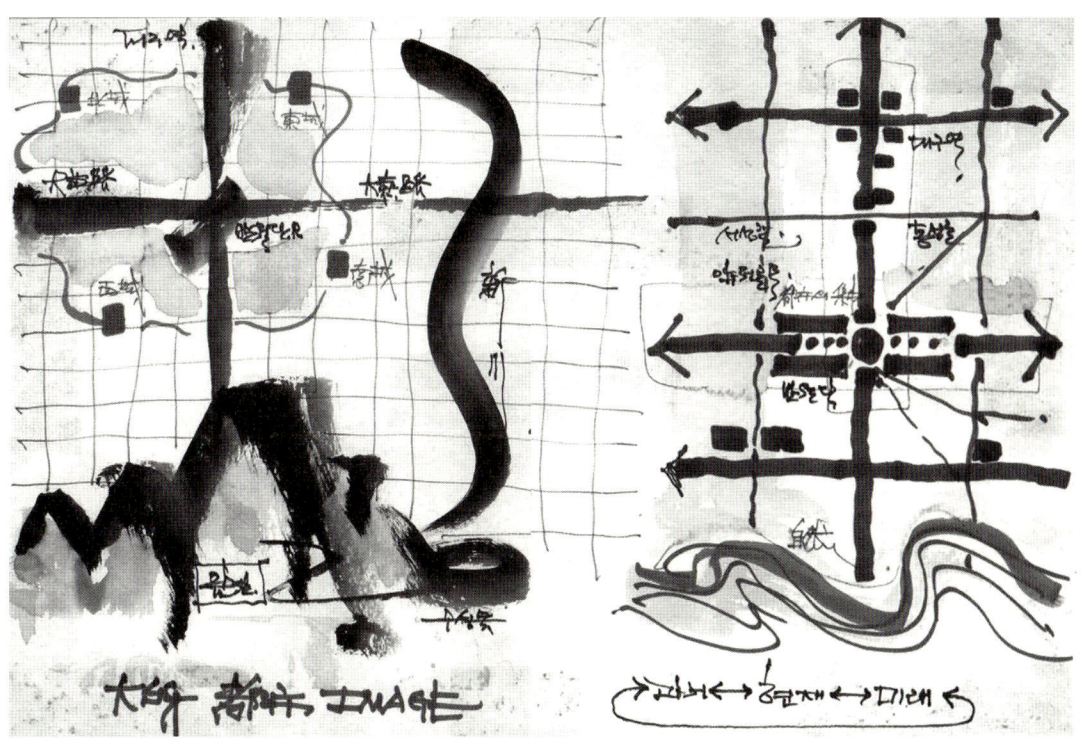

대구의 지형과 미래도시 이미지 스케치

　1853년 나폴레옹 3세는 도시 행정관 오스망에게 19세기 유럽의 가장 위대한 사업이라고도 일컫는 '파리도시개조' 대역사를 위임한다. 당시에는 무모한 계획과 무차별한 문화의 파괴로 비난받기도 했지만 지금의 개선문을 중심으로 강력한 방사선 도시형태의 골격을 이루게 되었다. 수백 년 시간을 지나오면서 그 당시 골격을 흩트리지 않으면서도 도시의 과거 역사를 보존하며 현대와 실험적 건축을 조화시켜 왔다. 도시의 맥락성과 균형적 질서를 위해서는 고층 밀집 지구와 고층 아파트는 도시의 외곽지역에만 배치했다.
　에펠탑 전망대에서 내려다보면 도시 전체는 지루할 정도로 집의 형태와 높이가 같고 '라 데팡스' 지역에만 고층화되어 있음을 볼 수가 있다.

　1980년대 미테랑 정부는 이런 근대도시의 바탕위에 10년 계획으로 대형 건축프로젝트정책을 실행했다. 과거의 넓은 도축장공간에는 나빌레뜨 공원과 과학박물관, 음악도시를 만들었다. 폐기된 오르세 역사의 원형을 보존하며 미술관으로 개조하였고, 옛 바스티유 감옥자리에는 정명훈 지휘자가 초대 음악감독으로 부임한 오페라하우스를 건립하는 등 도시 곳곳 문화 공간화에 주력하였다.

　우리 정부는 일산·분당의 200만호 아파트 도시, 판교 등 수도권 위성도시 계획을 발표해 왔다. 남한

대구 경북 디자인센터   서울시청 신청사

인구의 50%가 집중된 수도권, 인구의 30%가 밀집한 서울은 이상(理想)도시가 아닌 이상(異常)한 도시가 되어버린 것이다. 도시 개조론 이전에 국토 개조론이 필요한 실정이다.

지금도 채워져만 가는 우리의 도시와 국토, 그리고 아직 남아있는 여백의 땅, 이 여백에 무엇이 어떻게 채워질 것인가? 무엇을 어떻게 채울 것인가는 후일의 자손들에게 무엇을 어떻게 남길 것인가와 동일할 것이다. 조화롭게 잘 채워지고 적당히 비워놓는 것, 그것은 정신적 문화적으로 풍요롭고 아름다운 도시와 국토환경일 것이라 생각한다.

제2부
낮아짐의 미학

도시의 언덕 — 대구 청라언덕
진실과 왜곡, 그 불안한 경계
'脫경계' 가 '新경계'
낮아짐의 미학
문화유산 지키기
최소와 최대를 넘어서
속도는 동행이다
전통, 그 이후
소통의 절실함
자연의 順理
문학과 건축 사이
레인 메이커
건축과 기업 이미지
소중한 잃어버림

도시의 언덕 – **대구 청라언덕**

언덕이라는 말에는 정감이 있다. 먼 풍경이 내려다보이는 고향마을 뒷동산 언덕, 봄이면 아지랑이가 피어오르고 여름의 나무그늘 아래로는 솔바람이 시원했다. 은밀함으로 오르던 사춘기 시절의 뒷동산 언덕은 다시는 오를 수 없는 마음속의 언덕이다.

푸른 담쟁이 청라언덕은 역사와 문화, 근대건축과 낭만이 있는 도시의 언덕이다.
이은상의 시에 박태준이 작곡한 '思友 – 동무생각'이 탄생한 가슴 설레는 러브 스토리가 있다. 지금은 의료선교박물관으로 남아있는 선교사 주택의 붉은 벽돌건물에는 '사랑 봉사 희생'의 기독교 선교정신이, 화강석 제일교회의 고딕첨탑 실루엣은 낭만 도시의 정취를 자아낸다.

언덕을 오르는 3,1운동 계단에는 비장한 독립정신의 숨결이 배어있다.

최근 '한국 관광의 별'에 선정된 '근대역사골목'이 시작되는 곳으로 언덕 아래에는 계산성당과 시인 이상화와 화가 이인성의 문화 흔적들이 약전골목과 서성로, 북성로, 경상감영의 대구읍성 원형으로 이어진다.

청라언덕은 파리 몽마르트나 아테네 아크로폴리스처럼 많은 사람들과 많은 건축물들이 아닌 시간과 문화로 채워진 공간의 언덕이다. 한여름밤 '청라언덕 음악회'의 선율이 정감을 더하는 우리 도시의 언덕이다.

진실과 왜곡, 그 불안한 경계

　건축설계 과정에서는 투시도나 조감도를 통해 건축물의 완성된 전체 모습을 파악한다. 설계자는 투시도나 조감도 모델링으로 미리 완성된 모습을 예측하기도 하고, 단점을 수정 보완하기도 한다. 사람의 눈높이로 바라보는 투시도(Perspective)는 주변의 배경을 다 보여주지 못해 건물의 한두 면밖에는 볼 수가 없다. 사람의 시각과 관점을 기준으로 한 것이기에 휴먼스케일에는 충실한 데도 전체 모습은 다 보여주지 못하는 한계를 가진다. 그래서 투시도는 추한 면은 피하고 아름답거나 내세울 부분만을 강조해서 보여주게 된다.

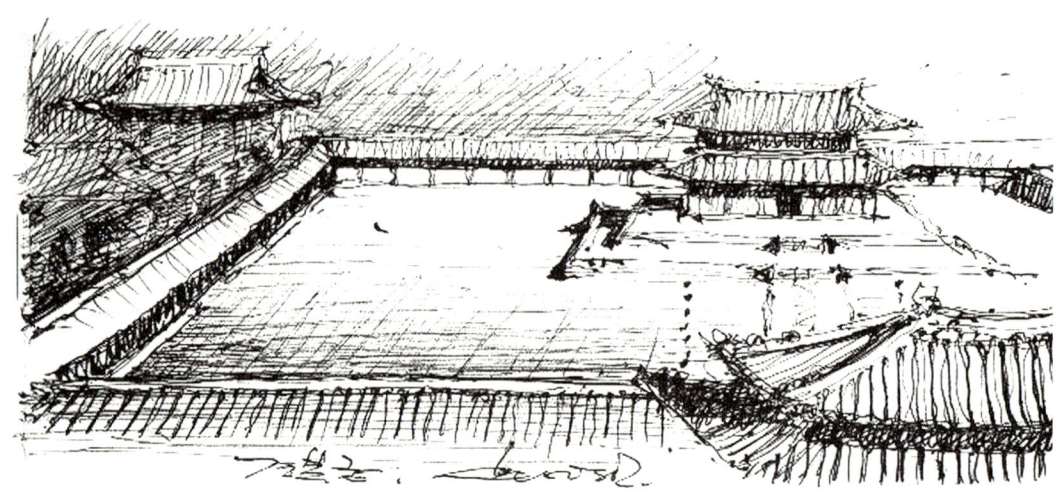

경복궁 근정전

우리나라 정신적 건축 공간 종묘,
중앙의 길은 神이 다니는 길 神道

상대적으로 하늘 위에서 땅의 모든 것을 살펴보는 조감도(鳥瞰圖)는 한자 그대로 '새의 눈으로 세상을 내려다보는 그림'이다. 'Bird's eye view', 참으로 순수하고도 맑은 새의 시선으로 내려다보는 그대로인 것이다. 편견에 치우치고 조작된 인간의 눈으로는 세상을 바르게 볼 수 없기에 사심 없는 새의 가슴과 눈을 빌려와야만 비로소 세상을 있는 그대로 바라볼 수 있다는 의미로도 생각할 수 있겠다. 그러나 지금의 컴퓨터 정보화시대에는 보이지 않는 것도 완벽하게 조작하여 진실조차 왜곡할 수 있는 시대가 되었다.

건축기사였던 시인 이상(李箱)은 일찌감치 까마귀의 눈(오감도, 烏瞰圖)으로 세상을 내려다보았다. 모든 아해(사람)들이 막다른 골목길에서 불안해하고 있음을 아무도 예측하지 못할 때 이미 현대인의 불안, 불행을 그는 보았던 것이다. 시인 이상이 그랬던 것처럼 이 시대의 누군가가 높은 곳에서 아래 세상을 내려다본다면 어떨까. 무엇이 진실이고 왜곡된 것인지 알지 못해 우왕좌왕하는 지금의 우리가 불안하고 안타깝게 여겨지지는 않을까?

'脫경계'가 '新경계'

김치와 치즈는 동양과 서양을 대표하는 발효 음식이다. 오랫동안 한 자리에 놓일 수 없는 음식으로 생각해 왔지만 시대는 변했다. 어른의 입맛과 아이들의 입맛이 다르고 개인마다 음식에 대한 욕구도 다양해졌다. 다른 입맛과 다양한 욕구를 해결하기 위해서 새로운 음식 문화가 만들어졌다. 동양 음식과 서양 음식이 한 상에 차려져 나오고, 어울리지 않을 것으로 생각되었던 음식 재료들이 하나의 요리로 새롭게 등장하기도 한다. 다양성의 결합, 퓨전이 새로운 문화코드로 자리 잡고 있다.

바쁘게 살아가는 현대인의 다양한 욕구를 한꺼번에 충족시켜 줄 수 있는 것이 복합이다. 한 건축물 내에서 영화를 선택해서 감상하고, 식사도 하고, 쇼핑을 할 수 있는 복합상영관(멀티플렉스)이 주종을 이루고 있다. 공동주택 아파트도 상업시설과 할인매장 스포츠센터 등의 편의시설이 한 건물에 있는 주상

대구의 북쪽 팔공산 북지장사,
남쪽의 끝 최정산에는 남지장사가 있다.

복합이 유행이다.

　문화예술 분야에서도 오페라하우스, 뮤지컬센터, 시립미술관 등 전문화된 전용 기능을 갖춘 문화 공간도 분명 필요하지만 주민들의 생활과 인접한 곳에서 영화, 음악, 독서, 전시회 등 다양한 문화 콘텐츠를 함께 제공하는 공간이 더욱 필요한 시대가 되었다.

　일본 센다이 시를 방문한 적이 있다. 전철역 도심 가로변에 위치하여 시가지 빌딩들과 다름없어 보이는 건물이 '센다이 미디어 텍 SENDAI MEDIATHEQUE' 이라는 문화 시설이다. 커피숍, 아트숍, 북센터, 도서실, 종합정보실, 전시장, 영상실이 한 건물에 모여 있어서 시민들과 이웃 주민들이 이용하기에 편리한 복합 문화공간이었다. 또한 미야기 현 미술관은 상설전시관과 지역의 저명 조각가 샤토츄로(佐藤忠良) 기념관이 연결되어 있어 다양하고 풍부한 문화를 제공하고 있었다. 건축가 토요이토가 설계한 '센다이 미디어 텍'은 현대건축 베스트10에 선정되기도 했다.

　이제 문화도 시대의 흐름에 따라 수요자 중심으로 변화해야 한다. 복잡 다양한 대중의 욕구를 골고루 충족시켜주기위해 더 고민해야 할 때인 것이다. 문화의 경계 뿐 아니라 문화 공간의 경계도 허물어 보다 다양한 차원에서 서로 공유되어져야 한다. 탈 경계, 그 또한 문화의 새로운 경계인 것이다.

　현대 디자인 트렌드의 변화 속도는 우주 왕복선 만큼이나 빨라지고 있다. 생활 주변의 휴대전화, 의상, 자동차, 아파트에 이르기까지 보편성이나 실용성보다는 소위 튀는 콘셉트와 특별함이 상업적 가치를 우선 한다. 건축에서도 새롭고 독특한 조형성부터 내세우는 추세이다. 이러한 시대에는겸양과 겸허의 건축이 오히려 돋보이기도 한다.

대구미술관

낮아짐의 미학

경북 경주의 양동마을은 우리에게 항상 고향 같은 전통마을이다. 이 마을 입구에 부자연스럽게 서 있었던 붉은 벽돌 뾰족탑 고딕교회가 없어지고 그 자리에 새로 교회가 지어졌다. 새 교회는 마을 길에서 비켜나 등을 지고 다소곳하게 고개를 숙인 수줍은 새색시 같은 모습이다. 400년 전통의 유교적 토양과 세월을 존경하는 듯 매우 겸손하고도 예의가 바르게 보인다. 마치 할아버지 앞에 머리 조아린 손자 같아 보인다고나 할까.

등을 돌리고 앉은 듯하나 서로 마주한 것처럼 보인다. 오래된 초가집과 기와집 마을에 회색빛 교회건축은 서로 배려하며 균형을 이루고 있었다.
고딕양식으로 솟아나 보여야 하고 십자가를 높이 세워서 하나님 성전임을 알리는 이 땅의 교회건축 관행에 비하면 이 교회는 매우 키가 낮다. 건축가의 취지를 잘 이해하고 키 낮은 설계안을 그대로 실천하신 목사님과 교우들의 겸허한 신앙심이 오히려 존경스럽게 여겨진다.

경사로 된 교회 지붕에 올라가서 넓은 들판과 마을 경관을 넉넉한 마음으로 바라보라는 건축가의

양동교회 이미지

의도는 성전위로 올라 다니는 무례(?)를 인정하지 못했는지 출입금지로 막아 놓았다. 좀처럼 교회건물로 보여지지 않는 교회를 알리기 위해서 입구에 커다란 교회간판을 세워야 하는 고충이 엿보이지만 좀 더 경관적인 디자인이 아쉽기도 하다.

 양동마을에는 화려함보다는 은근함이, 강함보다는 유연함이 있고, 높음보다는 낮음이, 자랑보다는 겸허함이 있다. 그 건물에는 어느 곳에도 없는 종교의 고귀함까지 깃들어 있는 것 같다.

문화유산 지키기

숭례문 화재 사건(2008년) 이후, 우리의 건축 문화재에 대한 관심과 애정이 더 높아졌다. 모든 국민들이 안타까이 여겼듯이 대한민국 국보 1호라는 상징적 의미와 유구한 세월을 지나온 역사적 가치가 또 한 번 사라졌다. 물론, 세종 때에 다시 짓고 성종 때에 고쳐지었지만 숭례문은 전통건축의 명품이자 나라의 상징, 도시의 랜드 마크이다.

고려시대까지 거슬러 올라가는 초기 전통 건축물인 봉정사, 부석사, 수덕사 등 몇 남지 않은 목조 건축들도 언제 실화(失火)를 입게 될지 모를 일이다. 자연과 교감하며 자리한 가람(伽藍)의 배치, 처마의 곡선, 배흘림기둥, 주심포·다포 등 목조 양식은 이 시대에는 다시 창조할 수 없는 미적인 가치를 지니고 있다. 그리고 전통 유물이나 유산의 훼손에 대한 주의와 더불어서 우리는 과연 후일을 위한 빛나는

국보1호 숭례문, 화재로 소실되었다가 2013년 5월 4일 4년만에 복원되었다.

문화를 창조해 가고 있는가도 생각해 봐야 할 것이다. 작품으로서의 건축물과 함께 소중한 공간이나 장소도 문화로서 계승되어야 할 것이다. 괴테와 베토벤의 생가, 고흐의 그림 속의 집, 실존하지도 않은 전설의 로렐라이 언덕까지 명소로 발전시킨 외국의 사례들을 많이 보아 왔다. 르 코르뷰제가 설계한 파리의 사보아 주택은 도시계획도로를 우회시키면서까지 보존하여 지금은 입장료를 내고 관람하는 건축 문화 순례의 장소가 되었다.

다행히도 철거 위기에 처한 장욱진 화백의 한옥고택이 문화재로 지정되어 보전될 수 있었고, 한국의 선비정신이 담긴 최순우 선생의 한옥주택도 민간단체 '내셔널 트러스트' 의 보호 아래 살아남아서 문화공간으로 유지 되었다. 국내 최초의 여류화가 나혜석, 이응노 화백의 근대 미술 역사가 담긴 수덕사 아래 수덕여관이 복원된 것도 한참 늦었지만 다행한 일이다. 그리고 대구의 이상화 고택과 근대골목재생,

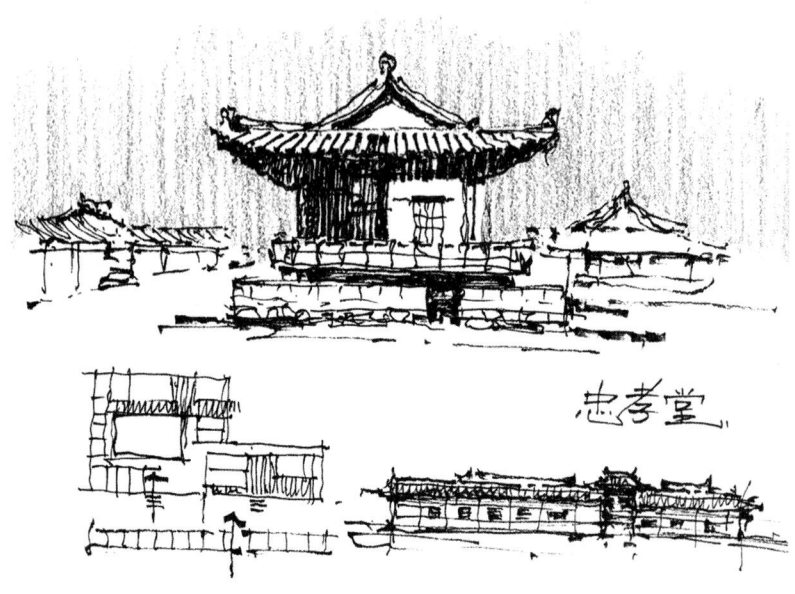

과거읍성의 복원 움직임도 도시재생과 함께 도시경제 활성화 기여에 바람직한 현상이다.

리움(Leeuma)미술관은 세계 저명 건축가 3인에게 설계를 맡겨서 탄생되었다. 전시 작품과 더불어 미술관 건축물까지 명품화하려는 의도인 것이다. 우리는 옛것을 잘 지키고 발전시키는 것 외에도 외국인들이 우리의 우수한 건축을 보기 위해 찾아오게 해야 하고 자랑스럽게 보여 주어야 할 그릇이 있어야 하는 것이다. 따라서 'G20 정상회담'에서 외국손님들에게 내 놓을 수 있는 한국의 멋진 명품 역할을 할 수 있었다. 'G20 정상회담' 동안 TV에 비췄던 광화문, 국립박물관, EXCO무역센터 주변의 호텔 회의장 건축물들은 'G20 정상회담' 등의 국제 행사를 담을 수 있는 그릇이었다. 선조들이 우리에게 자랑스러운 문화유산을 남겼듯이 지금의 좋은 건축물들을 남겨 후손들이 잘 계승시켜 나가도록 하는 것이 우리의 과제인 것이다.

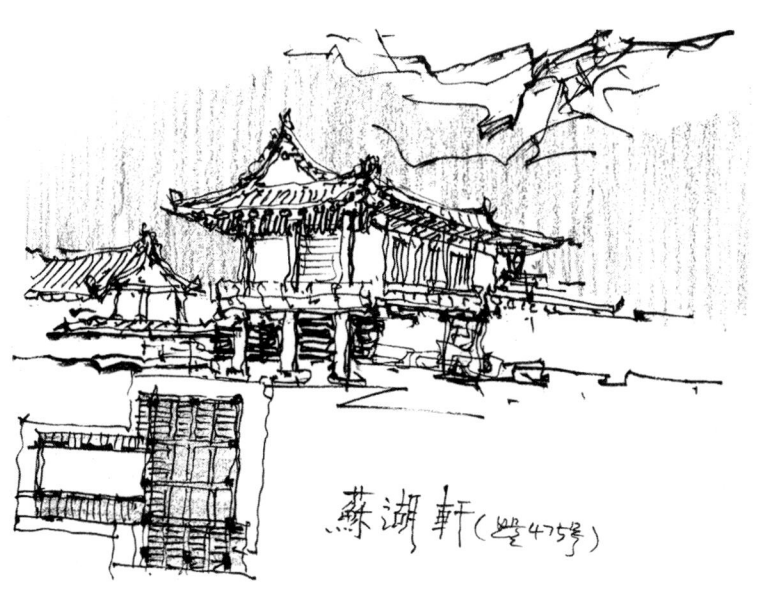

최소와 최대를 넘어서

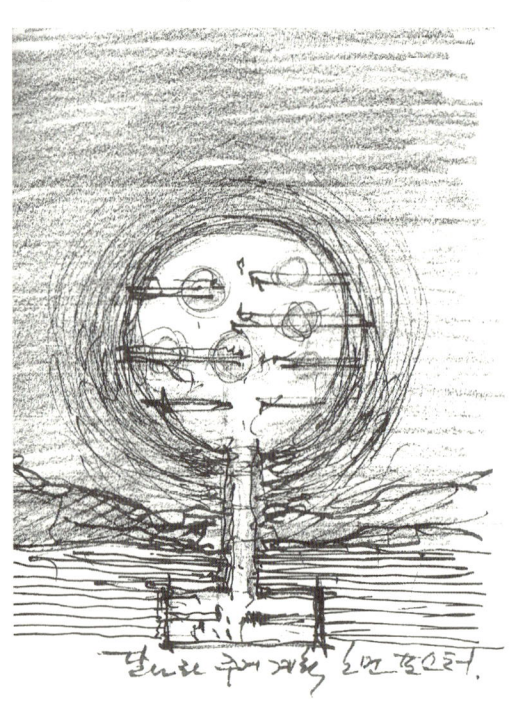

우주에 대한 인류의 도전 정신이 만들어낸 우주 로켓은 우주인을 위한 최소의 공간과 최고 속도를 위한 형태, 왕복에 필요한 최소의 연료만을 가지고 있다. 우주정거장 역시 최소 공간에 고도의 기능을 담고 있는 합목적적 시설 공간이다. 우주의 바다에 고립무원(孤立無援)으로 떠있는 우주정거장에는 과학적 기능 외에 일체의 여유 공간은 없다. 이러한 최첨단 우주 로켓과 정거장에서 건축의 원초적인 모습을 유추해본다. 인간이 동굴을 벗어나 집(건축)을 짓기 시작한 초기 형태는 움막집이었다. 땅을 파서 바람을 막고 지열을 이용하고 벽과 지붕이 일체가 되는 최소의 구조물만을 세웠다. 그 최소의 공간 안에서 모든 생활이 이루어지는 원룸 시스템이었고 다목적 공간이었다. 최소의 공간과 형태로 최대의 생활을 추구한다는 점에서 원시의 움막집과 21세기 우주선은 닮아있다. 어쩌면 그런 것이 건축의 본질일 것이다.

산업혁명 이후 도시의 발달과 함께 고층화가 진행되었다. 20세기 초 아돌프 루스(Adolf Loos)는 '장식은 죄악' 이라는 철학으로 고전주의 건축의 장식과 허영에 반기를 들고 합리주의 건축, 곧 근대 건축을 주장하였다. 미스 반 데 로에는 'less is

more(적을수록 좋다)'는 이론으로 허실을 버리고 오로지 본질에 충실한 건축을 주장하였다. 하지만 오늘날의 건축은 복합과 소통, 생태와 도시의 변화까지 모두 아우르는 다원주의를 추구한다. 그동안의 건축은, 최소의 경비로 최대의 이익을 추구하는 경제적 산물, 또는 부동산 재테크의 중심에서 자리해왔다. 땅의 값어치에 비례하여 최대치의 건폐율로 채우고 최고의 용적률을 올려왔다. 사람의 생명과 안전을 다루는 문제에서는 법의 최소치만큼만 적용하여 생명의 여유에도 인색했다. 그러나 앞으로는 건축의 본질인 기능과 구조, 미적인 요소만으로는 충분하지 않을 것이다. 도시 조직과 주변 환경의 변화에도 유기적으로 적응하고 에너지와 생태적 문제까지 고려하는 지속 가능한 건축이 되어야 살아남을 수가 있을 것이다.

속도는 동행이다

인디언들은 말을 타고 사냥감을 쫓다가도 어느 순간 추격을 멈추고 잠시 뒤를 돌아본다고 한다. 너무 빨리 달려가 버리면 행여 영혼이 뒤쫓아 오지 못해 길에서 헤맬 수 있기 때문이라 한다. 그래서 급박한 상황에서도 가끔 멈춰서 뒤를 돌아보며 영혼을 기다리는 것이다.

사회 전체가 빠른 속도로 내닫고 있다. 경제개발 시대를 거치며 짧은 시간 안에 한강의 기적을 이루었다. 지금도 국민들은 경제성장과 경제대국을 목표로 하는 지도자와 정부를 선택하여 국가 경영을 맡기고 있다. 하지만 우리 사회는 신행정수도, 지방분권 혁신도시, 한반도 대운하 문제까지 국토개발에 관련한 중요 정책의 실천 논의들은 항상 찬반의 논란 속에서 표류하지 않은 적이 없었다. 우리는 흔히 도시, 세계화, 발전, 경제라는 단어에서는 빠름, 속도를 연상하고 자연, 지역, 문화, 보존에서는 느림과 여유의 이미지를 떠올린다. 그러나 국가와 도시 발전의 중심을 들여다 보면 자연 훼손이 뒤따르고 지역 발전은 정부 정책과 연계되어서 후순위로 밀려나는 경우가 다반사다. 세계화 또한 국제사회의 합의와 협력의 상관관계에서 자유로울 수 없다는 것도 인정해야 하는 시대이다. 빠른 정책의 결정으로 신속하게 실천하는 속도주의를 지향할 것인가, 아니면 충분한 논의와 국민적 공감대 형성 후 부작용이 없는 신중한 느림의 실천,

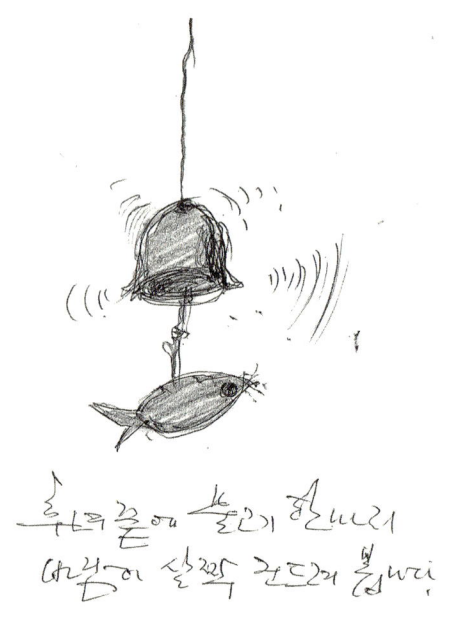

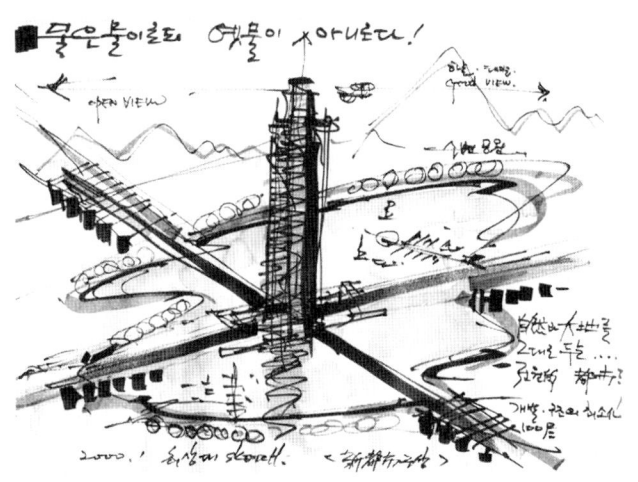

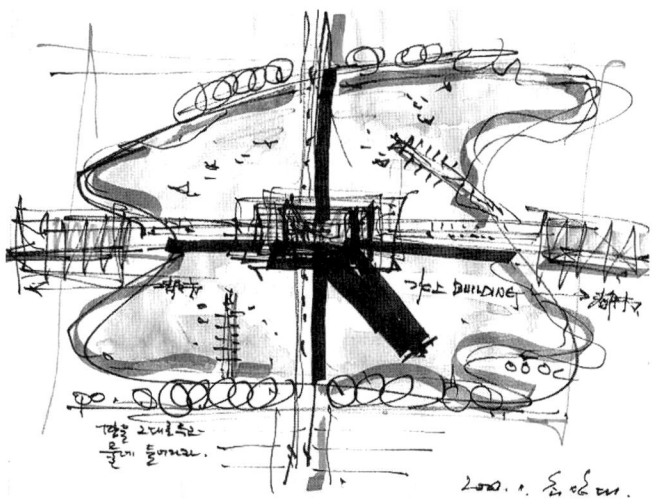

70%넘는 아파트 인구시대, 밀집한 아파트단지를
벗어난 전원속의 고층아파트 계획안(2000년)

또는 포기도 해야 할 것인가의 이분법적 갈등 사이에서 속수무책 시간만 보내는 경우가 많아졌다. 우리가 이러한 논란 속에서만 머뭇거리고 있을 때 사막의 도시 두바이는 불과 3년 만에 도시 안에 새로운 생태환경까지도 인공적으로 창조하며 세계가 벤치마킹하는 미래 도시로 탈바꿈하였다.

빨리 달려가기만 하는 국가정책으로 인해 국민들의 마음까지 놓쳐서는 안 될 것이다. 경제와 개발이 아무리 시급한 상황이라 하더라도 잠깐 멈추어서 국민의 정서를 돌아도 보며 같은 속도로 함께 가야 할 것이다. 속도와 여유가 균형을 이루는 그러한 발전이 꼭 필요한 것이다.

전통, 그 이후

　건축가협회에서는 봄과 가을에 건축답사 행사를 갖고 있다. 자연스레 개인적 여행도 곧 건축답사로 연결되어지는 것이다. 여러 일정 중에서 가장 기대를 하는 것은 옛 모습을 잘 간직하고 있는 전통 사찰을 찾는 답사이다. 요즘 사찰들은 신도들의 불사를 통해서 발전적인(?) 사찰경영을 해야 하기에 오랜 역사에 비해 옛 모습을 그대로 간직하기란 현실적으로 쉽지 않아 보인다. 종교적 의미를 넘어서 초기 전통 사찰은 우리 건축 문화의 정체성을 간직하고 있기에 몇 남지 않은 문화박물관이라 할 수 있다. 먼 답삿길, 유서 깊은 사찰의 고즈넉한 분위기와 단아한 전통 건축의 멋을 기대했건만 우리의 발걸음은 오래 머물지 못했다. 새로 단장한 매끈한 화강석 계단들은 주변의 아름다운 석축과 전혀 어울리지 않았다. 공간 미학이 담겨있는 전통적 가람 배치는 신축한 절충식 목조건물과 콘크리트 건물들의 난립으로 조화를 잃어버렸다. 비어있어 더 충만했던 대웅전 앞마당에는 석가탑 복제물이 좌우 나란히 들어서 있었다. 곳곳에 세워진 불상과 스테인리스 불전함에서는 경건함이나 조형미가 아쉬웠다. 옛 선인들의 정신을 되살리고 좀 더 문화적 시각으로 전통을 이어가는 안목을 바랄 뿐이다.

　몇 해 전 '해인사 신행문화도량 계획'과 함께 현대 사찰 건축과 미래 불교문화에 대한 담론이 있었다. 사찰의 훼손을 막기 위해 성역으로만 보존하느냐, 일반인의 출입을 막고 폐쇄된 수행 도량으로 전환하느냐의 제안과 함께 다른 장소에 수행 공간과 신행 공간

도동서원, 수채화로 그리다 (2005년)

을 새롭게 만들어야 한다는 주장이 제기됐다. 이러한 시대적 과제에 현대적 불교문화도량 계획안이 채택되었지만 전통적 계율을 중요시하는 불교계의 동의와 실천이 어려운 상황이었다. 전통 건축물의 보존과 훼손의 문제를 넘어 이 시대를 대변할 만한 또 다른 전통을 기대하기란 역부족일까.

고려·조선시대 양식(樣式), 그 이후의 사찰건축 계보를 떠올리기가 어려워졌다. 과거 전통의 일방적 답습에만 머물지 않고 미래를 여는 현대사찰건축도 탄생하기를 기대해 본다. 설치미술가의 탱화가 있고 현대조각가의 불상과 천불 천탑 공원이 있는 이 시대의 사찰도 훗날에는 전통문화의 한 공간이 될 것이다.

소통의 절실함

지금 우리 주변에는 소통(疏通)해야 할 것들이 참으로 많다. 기성세대와 신세대, 교사와 학생, 정부와 국민, 보수와 진보 등 당연히 조화롭게 공존해야 하는 데도 때로는 편을 가르고 반대하며 대립의 위치에 서기도 한다. 이해의 방식이 다르거나 갈등이 있을 시에는 종종 충돌이 일어난다. 길거리 집회, 촛불시위, 인터넷 괴담과 같은 집단행동으로 단절의 벽을 높이 쌓아가고 있는 것이다.

건축설계 수업 시간에 학생들에게 설계 프로젝트 진행의 주제가 되는 키워드(Key word)를 하나씩 설정하도록 했다. 많은 학생이 설정한 단어가 소통(疏通)이었다. 학생들은 도시와 자연, 외부와 내부, 도로와 마당, 빛과 바람 등 물리적 요소의 도입과 전개를 통해 서로 융합하고자 했을 것이다. 그들이 정작 이야기하고자 한 것은 건축적 표현을 통한 사람과 사람 간의 소통이었을 것이다. 하지만 의도와는 달리 진행 과정에서는 설정한 주제가 불분명해지거나, 시간이 지날수록 슬며시 사라져 버리기도 한다. 학생들은 소통의 필요성을 절실히 느꼈으나 이를 제대로 표현하기가 쉽지 않았을 터이다.

우리의 일상에서도 열린 공간은 점점 사라져 가고 닫힌 공간에서의 생활이 늘어만 가고 있다.

아파트 주거가 늘어나지만 다양한 세대가 함께 어울려 사는 공동(共同)의 주거공간이 아니라 프라이버시를 중요시하는 단절(斷絕)

의 공간이 되어가고 있다. 도시에서는 이웃이라는 마을 공동체가 사라진 것이다. 함께 대화를 나누고 어울리는 기회조차도 점점 줄어들고 있는 현실이다. 사람들의 생활도 은폐되고 서로 불신하다보니 곳곳에 폐쇄회로 카메라를 설치하여 감시를 한다. 함께 어울리는 공간도 밀폐된 노래방과 찜질방이 주를 이룬다. 사람들이 북적거리는 시장의 흥정은 줄어들고 할인 매장에서는 바코드가 대신한다. 종일 컴퓨터로 업무를 보고 전자메일과 문자 송수신으로 간단하게 의사만 전달하는 시대이다. 컴퓨터 안의 카페에서 만나고 홈페이지나 블로그로 자기만의 집을 만들고 넘나든다. 열린 공간에서의 생활, 서로가 함께 맞닿고 교감하는 생활 가운데에서 사람들의 마음도 물과 바람처럼 막히지 아니하고 잘 통할 것이다. 나를 중심으로 하는 생각 이전에 상대방을 먼저 배려한다면 뜻이 서로 통하고 오해가 없어질 것이다.

자연의 順理

최근 지구촌은 미얀마의 사이클론이나 중국 쓰촨성 대지진 등의 천재지변을 겪고 있다. 자연의 변화가 가져다주는 엄청난 위력과 그 여파로 인한 피해는 계속 인류의 재앙으로 다가 올 것이다. 쓰촨성 지진의 원인으로는 만리장성 이후 최대 토목공사라 일컬어지는 싼샤(三峽)댐 건설로 인한 지구환경의 변화로 보는 시각이 크다. 지구 자전축을 변화시킬 만한 엄청난 물의 집중하중이 지하 수압과 지각구조의 변화를 가중시켜서 지진과 해일을 일으킨다는 것이다. 서울 면적의 1.8배, 담수량 400억t의 싼샤댐은 중국이 세계 최대 규모를 자랑해왔지만 앞으로 몰고 올 생태 환경 재앙은 아무도 예측할 수 없다고 환경론자들은 말한다.

건축구조의 근본 원리는 압축력과 인장력의 균형이다. 상부 무게는 인장재의 보(beam)가 담당하고, 그 무게는 압축재인 수직 기둥(column)이 전달받아 기초에 이른다. 한 부분만을 튼튼하게 한다고 해서 전체가 강해지는 것이 아니다. 필요만큼의 무게를 수용하고 전달해야 구조의 안정을 이루는 것이다. 나무를 살펴보면 작은 가지에서 큰 가지, 상부에서 하부에 이르는 구조역학의 균형미를 아름답게 보여준다. 강의 물길도 상류와 하류의 흐름에 따른 순리를 보여준다. 강약과 고저를 거스르는 법이 없다. 바로 자연에서 배우는 생태적 순응이다.

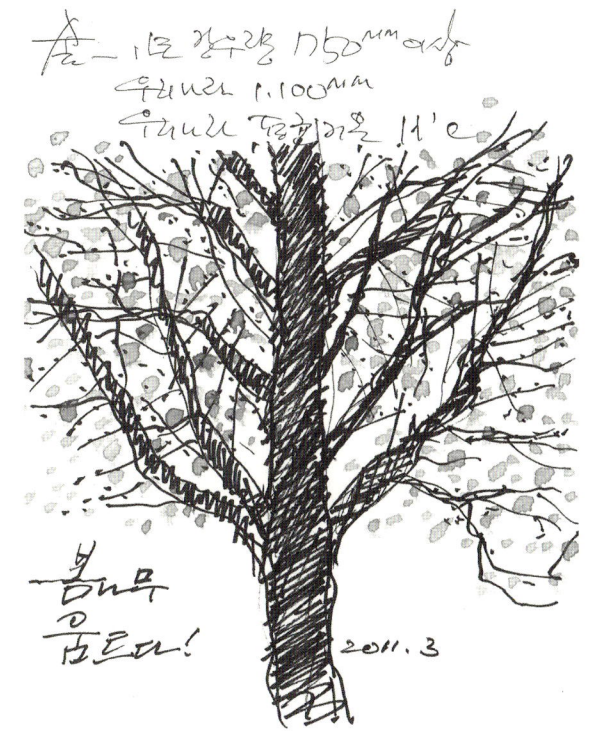

　지진에 잘 견디는 건축도 안정되고 균형 잡힌 배치 형태이다. 한쪽으로 치우치거나 중심이 불안정하면 붕괴 위험이 많다. 지진이 많은 일본에서는 기초를 고정하지 않고 흔들림에 내맡기는 공법이 많고, 기둥 구조를 바다 해초와 같이 유연하게 만들어서 지진 시 흔들림에 내맡겨 부러짐을 피하기도 한다. 강성으로의 대응이 아니라 유동의 질서를 흡수하는 것이다.

　인간의 욕망은 계속 초고층 바벨탑을 세우고 물길을 막고 산을 허물어 버린다. 지구의 용량을 초과하는 과잉 개발과 힘의 집중으로 이제 더는 지구의 균형을 깨트려서는 안 될 것이다. 생태와 자연환경에 겸허히 순응하는 것이 천재지변을 막는 길이다.

문학과 건축 사이

2009. 7. 2 늘로랑변에서.

　'토지'의 작가 박경리 선생은 문학적 업적만큼이나 많은 작품의 흔적을 곳곳에 남겨 놓고 돌아가셨다. 드라마 토지를 촬영했던 하동에는 최 참판 댁과 악양 마을의 집들을 그대로 남겨 놓았다. 소설의 상상력이 사실적 배경으로 만나는 공간이다. 통영은 선생이 태어나서 성장하고 문학적 토양을 이룬 곳이며 그의 혼이 묻혀있는 정신적인 고향이기도 하다. 그리고 오랫동안 정착하여 생의 마지막을 보낸 원주에는 토지문화관과 토지문학공원이 있다.

　문학관을 설계하는 건축가는 작가의 문학 정신, 작품들의 이미지를 어떻게 표현해야 할지 매우 고심하게 될 것이다. '몽실언니'의 작가 권정생 선생은 동화 작품 외에 생전 흔적이라고는 헌책이 쌓여있는 작은 오두막뿐이다. 그의 문학관을 만든다면 어떠한 건축이어야 할까? 선생의 소박한 생애와 평생 동안 추구했던 문학 정신을 표현하는 건축은 의외로 단순 명료할 수가 있을 것이다. 미당의 생가와 가까

운 거리에 있던 폐교에 미당 문학관이 세워졌다. 미당 문학관은 교실을 개조하고 새 콘크리트 건물이 더해져 조형성과 상징성까지 잘 표현된 문학관이다. 작품을 감상하며 시인의 일생 흔적을 따라 계단을 오르다 보면 하늘 마당에 이르게 된다. 설계자의 의도대로 방문객의 눈길은 시인의 초가집 생가에 머물게 되며 작은집과 멀리 질마재 고개의 실루엣은 긴 여운으로 남는다. 문학관이 생기기 전에는, 미당의 문학을 곱씹어 보고 싶을 때에는 선운사와 뒤 켠 동백 숲을 찾아보고, 절 아래 풍천 장어집의 복분자 술 맛에서 육자배기의 흥취를 떠올리는 문학 기행이었으리라. 지금은 미당 문학관이 있어 답사 길은 훨씬 풍요로워 진 것이다.

 경북 칠곡군 왜관읍의 작은 길에서 만나는 구상 문학관은 허름한 주변 동네에 비하면 현대적이고도 세련된 분위기이다. 지방 소도시에 작은 도서관과 세미나실을 갖추고, 문학 강의를 열 수 있게 된 것도 문학관 덕분이다. 전시장을 거쳐 2층 강변으로 향한 창가에 서면 시인의 '낙동강' 이라는 시의 느낌이 절로 떠오른다. 생가 보존이나 시비 건립의 차원을 넘어 문학관 건축은 도시의 문화 공간이자 지역을 대표하는 문화 콘텐츠이다. 문학관은 보존과 전시, 정보의 교류, 창작기능까지 두루 갖춘 복합 공간이어야 할 것이다. 그 무엇보다 중요한 것은 지역작가의 문학 정신을 얼마나 어떻게 잘 담을 수 있는 건축적인 공간인가 하는 것이다.

레인 메이커

한때, 영국의 해리 왕자가 아프가니스탄 전투에 참전했다는 소식과 함께 우리나라 정치인 자녀들의 병역 면제가 일반 국민들에 비해 월등히 많다는 보도가 있었다. 외국에서는 지도층의 명예는 전쟁터에서 목숨을 바치는 희생적인 의무에서 시작하였다는 점을 생각해보면 참으로 비교되는 바이다. 노블레스 오블리주(noblesse oblige)가 유럽의 높은 사회적 신분에 상응하는 도덕적 의무를 뜻한다면, 이에 비슷한 의미로 미국에서는 레인 메이커(Rain Maker)라는 말이 있다. 가뭄 진 농토에 내리는 단비처럼, 훌륭한 능력을 가진 사람들의 사회에 대한 나눔 정신을 의미하는 말이다. 경제적 가치를 우선시하는 현대사회에서는 물질적 나눔인 기부문화가 중요하게 여겨지고 있다. 대학에 전 재산을 기부하는 콩나물 할머니, 어려운 이웃에 거액의 성금을 내는 익명의 사람들은 가뭄에 목말라 있는 우리 사회의 단비 같은 레인 메이커이다. 명문대학 캠퍼스에는 기업 또는 기부자의 아호를 딴 기념관과 연구, 강의 시설이 날로 늘어나고 있다. 이름 알리기가 목적이 아니라면 상대적으로 열악한 지방의 대학에도 나누고 지원할 수 있어야 할 것이다. 그래야만 진정한 레인 메이커라 할 수 있지 않을까?

한국에서 노블레스 오블리주를 실행한 대표적인 예로 경주의 최 부자 가문을 꼽는다. 가문의 실천 철학을 보여주는 '6훈 6연' 정신은 물질과 명예욕에 만연된 현세에서는 따라 삼기조차 어려운 것이다. 300년 가문의 마지막 재산을 정리하여 지역 교육에 기부, 대학을 설립한 그 정신을 우리는 레인 메이커로 존경하는 것이다. 최근 경주의 최씨 주택 주변의 땅 수천 평을 또다시 지역대학에 소문도 없이 기부하였다고 한다.

문화재단 설립과 시립미술관, 문학관 건립 등 그동안 산업경제주의에 밀려나 있었던 문화예술에 대한 지원 투자가 과거에 비하여서는 많아졌다. 그 힘이 지역의 문화예술을 이끌어 나가기도 한다. 행정, 기업, 다음은 시민이다. 시민 주도형 문화운동이 생겨나야 하며 시민 스스로가 레인메이커 정신을 가져야 한다.

경주 校洞 최부자집 마당.

경주 校洞 최부자집 大門.

건축과 기업 이미지

얼마 전 삼성미술관 개관식에 지금 세계적으로 가장 활발하게 활동하는 스위스의 '마리오 보타', 프랑스의 '장 누벨', 네덜란드 '렘 쿨하스' 등 세계 건축계의 Big three라고 부를만한 최고의 스타 건축가들이 TV 화면에 나타났다. 삼성그룹은 세계 일류를 지향하는 기업이미지에 걸맞게 현세대 최고의 건축가에게 미술관 '리움(lleeum)' 설계를 의뢰하였고 그것도 3개 건물로 나누어서 Big three를 초청하는 문화 이벤트를 세계에 펼쳐 보인 것이다. 규모가 그리 크지 않는데도 고미술을 전시하는 '뮤지움 1' 현대미술관인 '뮤지움 2' 어린이 교육문화센터를 각각 개성이 다른 건축가들로 하여금 상이한 컨셉의 독창적 건축 작품을 요구한 것이다.

지금은 부지기수이지만 국내 유명 대기업이 외국의 건축가에게 설계를 맡긴 첫 케이스는 70년대 후반에 설계하여 80년대 초에 완공된 서울 광화문 사거리의 '교보빌딩' 이다. 국내 최대 서점이 지하공간에 자리하고 있는 '교보빌딩' 은 창업주가 일본 출장길에 75년 도쿄에 세워진 '일본 미대사관' 건물에 매료되어서 미국의 건축가 '시저 펠리' 에게 대사관 건물과 같은 설계를 요구하여 지어진 건물이며 사실

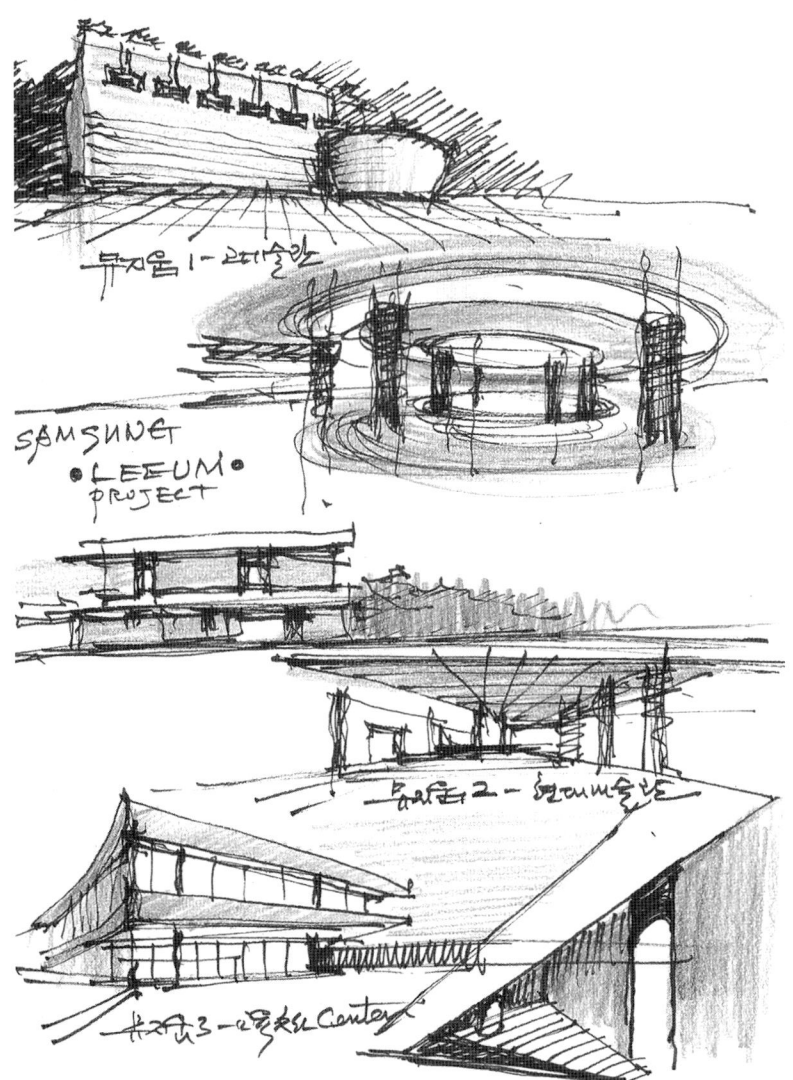

리움미술관(Leeum Samsung Museum of Art)은 세계적 건축가 3인(스위스의 '마리오 보타', 프랑스의 '장 누벨', 네덜란드 '렘 쿨하스')의 건축 작품으로 구성되어있다

외관(外觀)은 일본의 미대사관의 복제물에 가까운 건축으로서 별로 유쾌한 사례는 아니다. 교보빌딩이 고층으로 건설될 때 내려다보이는 청와대의 보안문제로 층수제한 명령이 떨어지자 건축주는 건물을 잘라 낮추느니 차라리 자신의 배를 자르겠다고 버티어 지금의 높이로 지어졌다는 일화도 있었다. 이후, 지방 도시마다 있는 교보 지사건물은 위치와 규모는 다를 지언정 외관 디자인과 형태가 거의 같음을 누구나 쉽게 알 수 있다. 기업의 건축디자인을 일관성 있게 이미지(image)화하는 점은 바람직하되 이미 설계 되어진 건축가의 특정 디자인을 그대로 복제한다는 점에서는 설계의 저작권문제와 건축의 지역성(地域性)과 독창성(獨創性)을 고려하지 않는다는 부정적인 측면과 마주한다 할 수 있겠다.

대구, 부산, 서울의 강남에 세워진 교보 건물들은 스위스 건축가 '마리오 보타(mario botta)'가 독창적으로 설계하여 그동안의 외국 건축물 복제 이미지를 탈피하였고 건축가의 개성 있는 역량을 그대로 표출되는 작품들이 잇달아 세워져서 기업의 개방적, 국제적 이미지 제고에 기여한 것이 아닌가 생각한다. 아쉬운 점은 국내의 역량 있는 건축가들은 도외시한 채 무조건 외국 저명 건축가만을 선호하는 문화적 사대주의는 벗어나야 할 것이다.

굳겐하임미술관 Main Lobby

소중한 잃어버림

　디지털 카메라가 처음 나왔을 때, 수 년 동안 가지고 다니던 카메라를 잃어버렸다. 금전적인 손실보다도 늘 가까이에서 친밀해져 있던 물건에 대한 상실감으로 한동안의 허전함은 마치 친구를 잃은 듯 했다. 어디에선가 불쑥 나타날 것 같아 한참을 버텼지만 끝내 찾아지지 않았다. 일상의 불편함에 전자상가에서 같은 모델을 찾았으나 신형이 출시되어서 같은 모델은 보이지가 않았다. 마음을 나누던 벗을 잃은 기분이 이러할까.

경동성당 (김수근 설계)

고분, 토기, 처마를 형상화한
경주문화의 전당

아침 출근길, 급히 집을 나서다가는 다시 되돌아오는 일이 잦아진다. 두고 나간 물건을 다시 챙기는 일이 다반사여서 기억의 순번을 정해 놓기로 했다. 1번 휴대폰, 2번 수첩, 3번 지갑, 4번 카메라. 당장 이것들이 없으면 내 일상은 마비가 될는지도 모를 일이다.

언젠가는 휴대폰을 두고 나온 것을 고속도로에 들어서서야 알았다. 휴대폰이 사무실에 있는지 확인하려고 차안에서 휴대폰을 허둥지둥 찾은 적도 있었다. 약속 시간이 지나버렸지만 늦는다는 통보도 할 수 없었다. 상대방의 연락조차 받을 수 없는 고립무원에 빠진 것이다. 소통이 끊겨 버렸다.

모두 잠든 늦은 밤에 집에 들어서면 야전 막사로 귀환하는 병사 같다는 생각이 든다. 낮 시간도 모자라 늦은 밤까지 고군분투하다가 삶의 전쟁터에서 잠시 돌아온 것만 같다. 하루 동안 얻은 것은 무엇이고 잃은 것은 무엇인지. 12층 베란다에서 종일 뛰어 다닌 도시를 바라다본다. 하루를 되돌아보는 비로소 고요해진 시간이다. 길 건너 동네는 재건축으로 철거가 한창이다. 지난겨울까지는 옹기종기 모여 앉은 주택, 빌라, 작은 아파트들로 틈이 없었는데 이제 여기저기 빈 땅이다. 그나마 있어서 편리했던 비디오가게나 구멍가게, 세탁소마저도 떠나고 없다. 모두 떠나기만 하는가 싶더니 몇 달 동안 멈춰 선 타워크레인 위에 까치가 둥지를 틀었다. 반대편으로 신천이 흐르고 앞산은 어둠에 잠겨 있다. 몇 시간 뒤면 새 아침이다. 새소리를 들으며 신천을 따라 걸어볼 것이다. 아파트를 나서면 바로 가까이에 누릴 수 있는 자연이 있어 위안이 된다. 잃는다고만 여길 게 아니라 도시의 틈에서 자라고 있는 자연을 느끼고 누려볼 생각이다. 잃어짐으로 소중해지는 것들이 있다. 오랜 지기 같았던 카메라, 잠시 두고 온 휴대폰, 하나 둘 떠나던 이웃 동네, 오늘이라는 이 하루가 그렇다. 모두 나와 함께 있어 나를 지탱하게 했던 소중한 존재들이다.

제3부
명품 건축이 명품 도시를 만든다

이제는 대구 FC - 대구 스타디움
도시의 중심은 디자인이다
그래도 강은 흐른다
서울문화에서 지방의 문화를 보다
대통령의 집
좋은 길은 좁을수록 좋고 나쁜 길은 넓을수록 좋다
해체, 파괴인가 창조인가
북경에서의 하루
공동을 위한 중심선, 가이드라인
우리 도시의 의자
우연에서 발견하는 행운
마당 넓은 집, 마당 깊은 집
명품건축이 명품 도시를 만든다
사라지는 것에 대하여

이제는 대구FC - **대구 스타디움**

잠 못 이루는 한여름 밤, 열대야와 함께 한 17일간의 열전, 런던 올림픽이 막을 내렸다. 이번 올림픽 최고의 이슈는 단연 축구였다. 유럽의 강팀 스위스를 이기고, 축구 종주국 영국을 누르고, 영원한 라이벌 일본을 꺾고 축구 사상 처음으로 올림픽 동메달, 세계 3위를 차지했다.

우리의 축구가 영국을 이기고 숙적 일본과의 결전을 이틀 남겨둔 9일 저녁 대구스타디움에서는 '대구FC'의 경기가 있었다. 모든 이목이 올림픽에 쏠려있는 가운데 이날 경기는 '대구예총' '예술소비운동본부'가 '대구FC'를 후원하는 행사와 함께 했다. 중창단의 공연과 대금 연주가 한여름 밤의 그라운드에 울려 퍼지는 축구와 문화예술과 만남의 밤이었다.

도시의 중심은 디자인이다

조선 후기 정조가 수원 화성을 축조할 때의 일이다. 정조가 성곽뿐 아니라 여러 부속 건축물에까지 지나치게 에너지를 쏟는 것을 보고 신하들이 "성이란 튼튼하게 쌓으면 그만이지 단장은 왜 합니까?"라고 반대를 하였다. 이에 정조는 "아름다운 것이 강한 것이다. 아름다운 것이 곧 힘이다"라며 축조를 강행했다고 한다. 그로부터 200년 후, 아름다움의 힘 화성은 1997년 유네스코 세계문화유산으로 등록되었다. 튼튼하기만 한 성을 쌓았다면, 오늘날 화성이 후세들로부터 사랑받는 문화유산이 될 수 있었을까?

우리나라는 그동안 도시를 대표하는 상징적 건축물이나 특별히 아름다운 건축과 쾌적한 환경을 갖춘 도시로 발전하지도 못했다. 아파트 개발의 광풍이 휩쓸고 지나간 지금, 우리의 도시를 차분히 들여다보면서 품격 있는 문화의 도시, 자연환경을 살린 건강한 생태 도시, 역사와 전통 건축 공간이 소통하는 도시를 디자인할 기회이다.

　현 정부도 '디자인 코리아 프로젝트' 등의 정책을 통해 도시와 건물 국토 전반에 공공 디자인 개념을 도입하여 디자인을 중심으로 대한민국을 변화시키려는 의지를 표명하고 있다. 과거 어느 정부보다 디자인을 국가 아젠다로 전면 부상시키고 있는 시점이다. 청계천 복원사업 성공에 힘을 입은 서울시의 핵심 코드는 '하이디자인 서울' '소프트 서울' '한강 르네상스'로 이어지는 도시 디자인을 통한 서울 브랜드 만들기이며, 이러한 결과 세계디자인수도 첫 공식지정도시로 선정되었다. 또한 각 도시의 지방 자치단체들은 공공 디자인 프로젝트 추진을 통하여 삶의 질을 높이는 문화도시와 외부인을 흡수하는 관

근엄한 건축가 프랑크 게리, 그의 건축은 강물처럼 흐르기도 하고 춤을 추기도 한다.

광도시로 경쟁력을 높이고 있다. 김해는 가야역사문화도시, 부산은 국제영화제와 광복로, 포항의 테라노바 디자인 구축, 광주의 아시아 문화중심도시, 안양의 공공미술 아트시티를 도시 브랜드로 내세우고 있다. 개발에서 소외되어 그동안 가치 없이 여겨지던 옛 건물과 좁은 골목까지도 도시 고유의 도시문화 콘텐츠로 거듭날 기회이다.

도시를 회생시킨 '빌바오 구겐하임 미술관'은 건축가 프랭크 게리의 독창적인 건축이었다. 아라비아 사막 위에 탄생한 두바이의 기적은 지도자 쉐이크 모하메드의 추진력과 2000여 전문가들의 상상력이었다. 맨체스터 글래스고 등 영국 산업도시를 몰락에서 재생시킨 힘은 창조산업(creative industry)을 내세운 디자인 정책이었고 템스 강변 옛 공장을 디자인박물관과 테이트 갤러리로 재생한 것은 과거와 현재를 연결하는 문화적 마인드였다. 인간은 도시를 만들고 그 도시는 다시 인간을 만든다. 아름다운 건축과 도시는 인간의 아름다운 심성을 만들고 나아가 아름다운 사회를 만드는 것이다.

그래도 강은 흐른다

흔히 우리 국토를 금수강산이라고 일컫는다. 산줄기와 물줄기가 어우러져 비단으로 수를 놓은 듯 조화롭게 한반도를 이루고 있는 데서 유래한 말이다. 비행기를 타고 우리 땅을 내려다보면 산 계곡에서부터 시작된 물길이 하천에서 강으로 이어지고 마침내 바다로 흘러가는 아름다운 곡선들을 볼 수 있다. 사람들이 북적이고 건물로 가득 찬 도시, 한적한 마을, 어디든지 강줄기의 품에서 벗어나진 못한다. 우리 민족은 강을 통하여 희로애락을 노래하고 문학을 만들어냈다. 채만식의 '탁류'나 구상 시인의 '낙동강', 신동엽의 '금강', 조정래의 '한강' 등 문학작품에서나 '두만강' '낙동강 처녀'

땅과 바다가 만나고 헤어지는 그 곳에는 포구와 섬 섬 섬 …

등의 가요에서 보듯 강은 우리 민족 정서의 표상이었다. 강은 인류 문명의 원천이자 국가 발전의 젖줄이었다. 나일강이 이집트 문명을, 라인강은 독일의 부흥을 상징했듯, 한국 경제 약진을 한강의 기적으로 비유했다. 가끔씩 업무로 타 지방을 가면, 돌아오는 길은 고속도로 대신 여유로운 낙동강변 국도를 선택한다. 강을 따라 달리다 보면 낮고 길게 이어지는 산의 실루엣과 새 떼의 군무, 햇살에 반짝이는 물비늘의 아름다움을 볼 수 있다. 그냥 지나치기 아쉬워 차를 세우지만 강물 가까이 다가갈 곳은 없다. 강변은 농약병과 비닐 등 온갖 쓰레기로 뒤덮여 있고, 모래 채취선이 할퀴고 지나간 강바닥은 상처투성이다. 강은 식수를 공급하는 상수원이면서 다이옥산 폐수를 내보내는 하수도이기도 하여 우리는 병든 강을 내버려 두고만 있었다.

4대 강 정비 사업이 완공되었다. 강 살리기 프로젝트의 첫째 목표는 경제가 흐르는 강이다. 강은 일자리 창출과 침체된 경제를 회복하는 역할부터 해야 한다. 지역산업의 활성화와 지역관광자원의 개발과 함께 치수관리와 방재역량의 강화 또한 급선무이다. 홍수에 안전하며 항상 깨끗하고 풍부한 물이 흘러 건전한 하천 생태계를 유지하고, 동시에 쾌적한 휴식공간시설 조성에 투자할 시기이다. 둘째는 문화가 흐르는 강이다. 지역의 역사문화자원을 활용하는 문화공간과 콘텐츠를 개발해야 할 것이다. 4대 강 유역에는 360여 개의 문화재가 분포하고 있다. 녹색환경을 기초로 한 지역문화

경관을 권역별로 특성화하고 도시를 떠나 맑은 강변에 새로운 문화공간과 주거 레저 시설(실버 의료 전원주거단지, 첨단산업단지, 공연 전시시설, 스포츠, 마라톤, 사이클 코스)을 개발하면 이는 곧 경제 활력으로 연결될 것이다. 세계는 지금 저탄소 녹색성장의 그린 레이스(Green Race) 시대이다. 개발되어야 할 지역은 최소화하고 환경정비가 필요한 지역과 자연 생태계를 그대로 보전하는 지역을 구분해야 할 것이다. 강은 낮은 데로 흐르며 순리를 그르치지 않는다. 순리를 어기지 않아야 하는 것은 물길 정비 사업뿐만 아니라 사람의 일에도 해당될 것이다. 오늘날 흐르지 않는 것은 정치와 경제만이 아니라 사람들의 마음도 그렇지 않을까 싶다. 여당과 야당, 남녘과 북녘도 소통의 물꼬를 트고 물줄기를 합쳐서 큰 강으로 흘러간다면, 그리하여 국민들의 가슴에 희망과 감동의 물결이 퍼질 수만 있다면 좋지 않겠는가. 문득 낮은 마음, 순리를 거스르지 않는 마음, 강의 마음이 절실해진다.

서울문화에서
지방의 문화를 보다

　모처럼 학생들과 함께 서울 나들이를 했다. 새 학기 건축설계 과목의 주제인 전시문화시설을 견학하는 하루 동안의 답사 여행이었다. 건축 작품이나 정보를 인터넷에서 검색할 수 있고 여러 전문서적에서 지구촌 곳곳의 건축을 쉽게 접할 수 있지만, 건축물이 있는 현장에 가서 직접 체험하는 것은 새로운 시각과 다양한 생각을 가지게 한다. 아쉽게도 우리 주변에는 텍스트로 삼을 만한 건축과 시설공간이 그리 많지 않다.

　그래서 좋은 건축물과 장소를 찾아가는 발걸음이 필요한 것이다. 비엔나에 있는 클림트 작품은 서울의 미술관에서 전시를 하고 이탈리아 이무지치 실내악단의 연주회는 대구에서도 감상할 수 있겠지만 에펠탑이나 코르뷰제의 건축을 보기 위해서는 파리에 가야 한다. 미술전시나 음악공연과 달리 건축물은 작품이 세워진 곳에 직접 찾아 갈 수밖에 없다. 오전 6시에 대형버스를 타고 서울로 출발했다. 첫 일정은 용인에 위치한 백남준 아트센터를 견학하는 것이었다. 경기도립 박물관을 지나서 바로 만나는 아트센터는 국제 공모 설계 작품으로 문을 열었다. 세계적 미디어 아티스트 백남준의 예술세계 2천여 작품을 전시하는 미술관은 경기도가 서울에 앞서서 문화 콘텐츠로 선점, 박물관과 연계하여 문화 벨트를 구축하였다. 피아노 곡선의 평면 형태와 모니터 주파선을 연상케 하는 수평 라인 입면 디자인은 백남준의 첨단 미디어 미술관 이미지를 표현하고 있다. 아트센터 길 건너편에도 갤러리, 레스토랑, 아트, 도

대구MBC 사옥

용인 백남준 아트센터

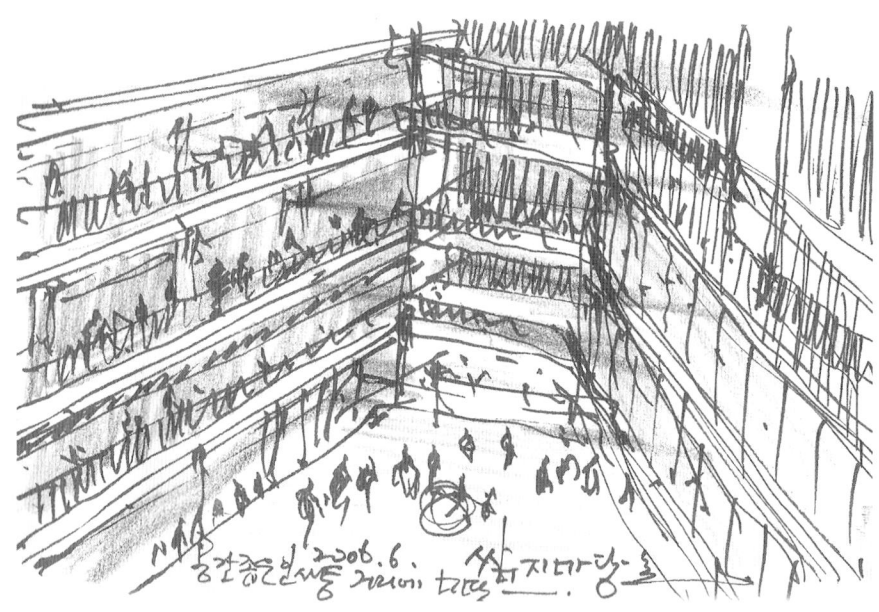

인사동 쌈지마당, 복잡한 도심속에서 안마당이 있는 상업공간이다.

예관 등이 들어서며 문화적 분위기의 건물들이 어우러져 있다. 다시 고속도로를 달려서 미술관이 밀집한 서울 평창동으로 향했다. 가나아트, 토탈갤러리, 김종영 미술관 등은 경사지를 잘 활용한 건축가의 작품들이다. 평창동 일대는 갤러리뿐만 아니라 문화 예술과 관련한 아틀리에, 스튜디오, 작업실들이 계속 생겨나고 있어 과거 고급 주택가라는 선입견에서 문화 예술 타운 이미지로 변화한 것이다.

마지막으로 들른 인사동은 옛 모습이 아니었다. 골동품과 고서화점, 귀천(歸天) 찻집의 오붓한 분위기는 없어지고 대형전시장빌딩 등의 갤러리가 90여 개 밀집한 문화 상업거리로 변했다. 독창적인 아이디어로 설계된 '쌈지마당'은 인사동에서만 세워질 수 있는 키치(kitch) 문화적 상업건축물이다. 건축가의 독창적 설계 때문인지 혹은 인구과밀의 도심거리에 제공한 마당 공간 때문인지 알 수 없지만, 많은 사람들로 북새통을 이루는 것으로 보면 상업적으로는 성공한 건축이었다. 인사동 거리는 천 원짜리 액세서리부터 수억 원의 미술품이 팔리는 활발한 문화장터이다.

이제부터라도 우리의 도시 문화에 관심과 애정을 기울여보자. 다른 도시에는 없고 우리도시에서만 가질 수 있는 문화를 가꾸어 가자.

대통령의 집

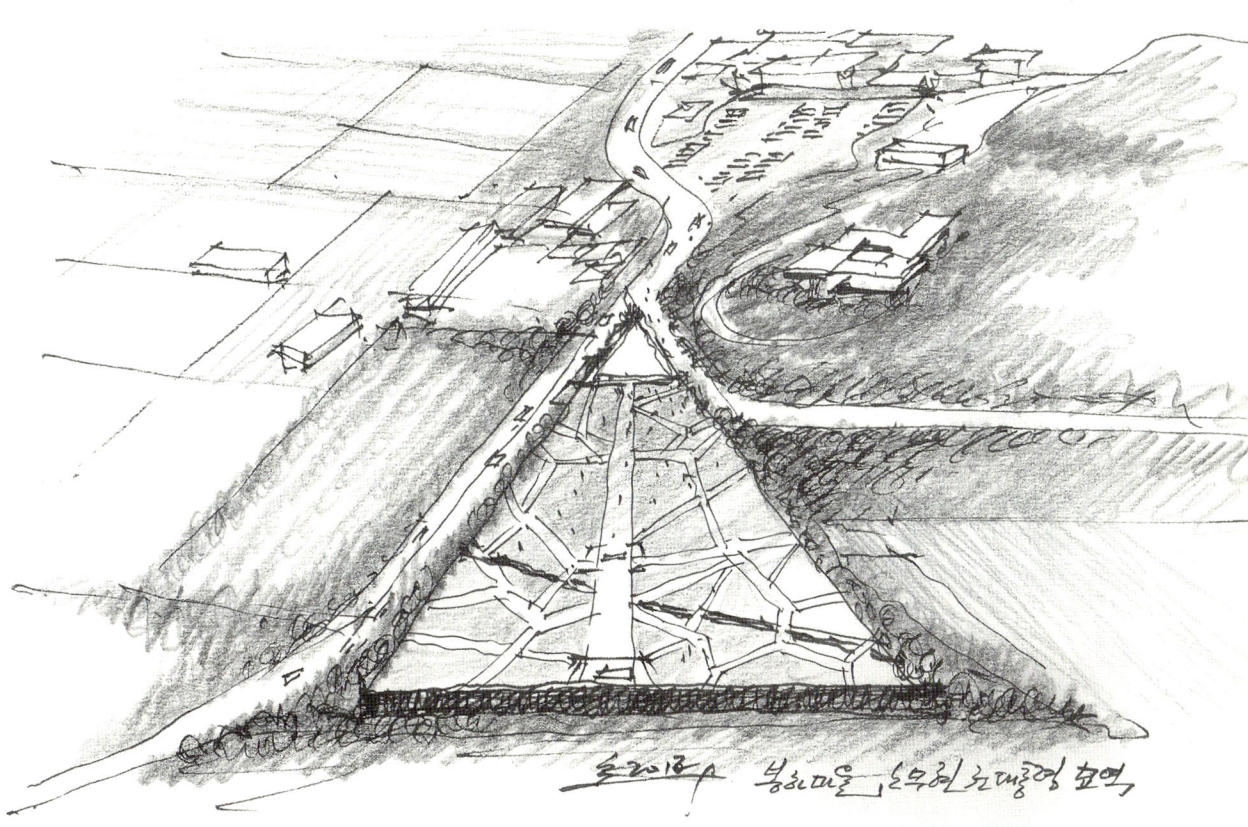

봉하마을, 죽은자의 공간을 평면적 영역으로 설계 (승효상 설계)

건축에서 성공과 실패의 여부는 집을 지을 때나 완공이 되었을 때 드러나는 것이 아니다. 그 집에 입주하여 생활을 하면서 비로소 결과가 나타난다. 물이 새고 구조에 균열이 생기는 것은 입주하여 한참 후의 일이다. 살아가면서 공간의 아름다움과 기능의 편리함, 구조의 견실함을 느껴가는 것이 좋은 건축이다. 사람과 세상의 일

遷佐 설헌 연복군 사당

도 그러할 것이다. 우리나라 역대 대통령의 성공 여부는 자리에 있을 때보다 대통령직을 떠난 후에야 비로소 나타난 교훈을 수차례 경험하였다.

  대통령의 집들은 한국 현대정치사에 있어 중요한 역사의 현장이 되어 왔다. 하지만 문화재유적으로 지정된 것은 대통령이 살았던 때로부터는 한참이 지난 후였다. 박정희 전 대통령이 살았던 신당동 골목집과 최규하 전 대통령의 서교동 집이 문화재로 지정되었다. 등록이 지정된 정부수반 유적으로 '안국동 윤보선 주택', 이승만 대통령의 '이화장' '장면 가옥' 등이 있다. 모두가 그들이 돌아가신 후의 일이다. 선진 외국에서는 공공시설에 지도자의 이름을 명명한 경우를 흔히 볼 수가 있다. '퐁피두센터' '미테랑 국립 도서관' '드골공항' '케네디공항' 등에서 그 나라 지도자에 대한 국민적인 존경과 추앙을 짐작할 수 있다. 이름이 나타나고 기념관이 세워지는 것은 시간이 지난 뒤 후세의 일이다. 국민들은 존경받는 성공적인 대통령, 이후에도 기대를 저버리지 않는 정신적인 지도자의 삶과 모습을 기대하는 것이다.

  국민들이 존경하는 지도자였다면 후일, 그 기념관은 남아서 국민들의 발걸음이 이어질 것이다.

좋은 길은 좁을수록 좋고
나쁜 길은 넓을수록 좋다

한국의 대표적 건축가 김수근 선생이 돌아가신 후 그의 글을 모은 '좋은 길은 좁을수록 좋고 나쁜 길은 넓을수록 좋다' 라는 이름의 책이 나온 지가 지금으로부터 20여년 전이다. '좋은 길 나쁜 길' 은 사람과 차가 다니는 물리적인 길만을 이야기하지 않는다. 탄탄대로의 넓은 길에서 안일한 방식의 삶 보다는 창조적인 일을 선택하고 문화적 삶의 실천, 그 길이 힘들고 좁은 길일지라도 선택을 두려워 말아야 한다는 인생길의 가치관을 말하고 있다. 그러나 이 시대에 좁은 길을 좋다고 할 사람은 없을 것이며 넓은 길을 나쁘다고 할 이 있을까? 현실에서는 경제적 가치를 우선하고 정신적이기 보다 물질적 이익 추구에 급급하다. 길은 넓고 빠른 직선도로만 만들고 사람들은 내비게이션에 따라서 지름길로만 달려가고 있다. 좁고 느린 길도 소중히 생각하는 골목길의 의미도 필요한 것이다. 이 책에서는 이야기한다. "좋은 도시는 여유롭게 걸을 수가 있어야 하고 편안하게 머물 수 있는 공간이 있어야 한다. 그러한 공간과

수성구 시지 들판, 포도밭은 아파트로 채워지고 콘크리트 직선도로가 선을 잇는다

대구 청라언덕에 이르는 3,1운동계단.
한 걸음 두 걸음 오르다 보면 비장함이 느껴진다.

길을 자동차로부터 되찾아야 한다"고. 또한 도심에서는 차량을 제한하고 사람들이 어디에서나 무료자전거를 타고 이동할 수 있는 공용자전거 설치를 제안하였다.

　이제부터, 걷고 머무르는 길의 실천이 시작되었다.

　다양성의 도시, 가로 공간 중심의 활력 있는 도시, 도시의 보존과 재생이 3차원 공간으로 나타나는 도시, 그 지역 생활상을 반영하는 도시 만들기가 이 시대의 화두로 나타나고 있다. 현대와 과거가 공존하는 읍성의 골목과 건물은 대구의 도시 문화상품이다. 그대로 보존할 것과 새로운 문화적 인자를 다양하게 구성하여 과거와 현대를 소통시켜야 할 과제가 남아있다. 그래서 그 길들은 우리 도시의 거리 박물관이 되고 근대역사 골목으로 긴 생명력을 이어가야 할 것이다.

해체, 파괴인가 창조인가

　얼마 전, 지역의 갤러리에서 기획하여 화제가 되었던 영국 화가 데미안 허스트의 작품세계는 일반인들이 그동안 경험해 왔던 미술작품에 대한 인식과 조형 상식을 해체하여 비정형의 세계를 보여주었다. 해골에 다이아몬드를 붙이고 포름알데히드 유리통에 상어와 동물 사체를 전시하는 엽기적인(?) 그의 작품 가격은 수십억 원에서 수백억 원대까지 형성되고 있다고 한다. 현대 미술시장을 표방하는 아트페어 전시 작품들은 더 이상 비례, 조화, 안정과 같은 정형적 미적 추구만이 아니며 일탈과 비정형을 넘어서 충격적인 작품들과 허스트와 같은 스타 예술가를 탄생케 한다.

　현대 문학에서의 젊은 시인과 소설가들의 작품도 서정적 정서와는 거리가 먼 난해한 글들이 주류를 이루고 있다. 이러한 젊은 문학을 두고는 '소통이 불가능하고 유희적이며 자폐적인 언어와 진지하지 않고 환상과 엽기적'이라고 평하기도 한다. 이러한 작품들이 최근 국내 문학상 수상작이 되고 있으며 이 또한 문학에 국한된 현상만은 아닐 것이다. 책 표지 장정과 길거리 행사 포스터는 명조 고딕체와 같은 고정 틀에서 벗어나 있다. 붓으로 휘갈겨 써 독창적 멋을 내는 캘리그래피가 보편화되고 있다.

　최근 수성못 수변공원에서 상화문학제가 열렸다. 시가 새겨진 작가들의 캘리그래피의 배너 디자인은 새로운 형식의 시화전을 연상케 하여 문학적 운치를 더하고 있었다. 그동안 관료적 이미지의 표본이라 했던 행정관서의 로고와 슬로건에도 휘갈긴 해체적 글씨와 상징그림들은 친근함으로 다가온다. 1966년, 프랑스 철학자 쟈크

쁘랑쓰 또르르

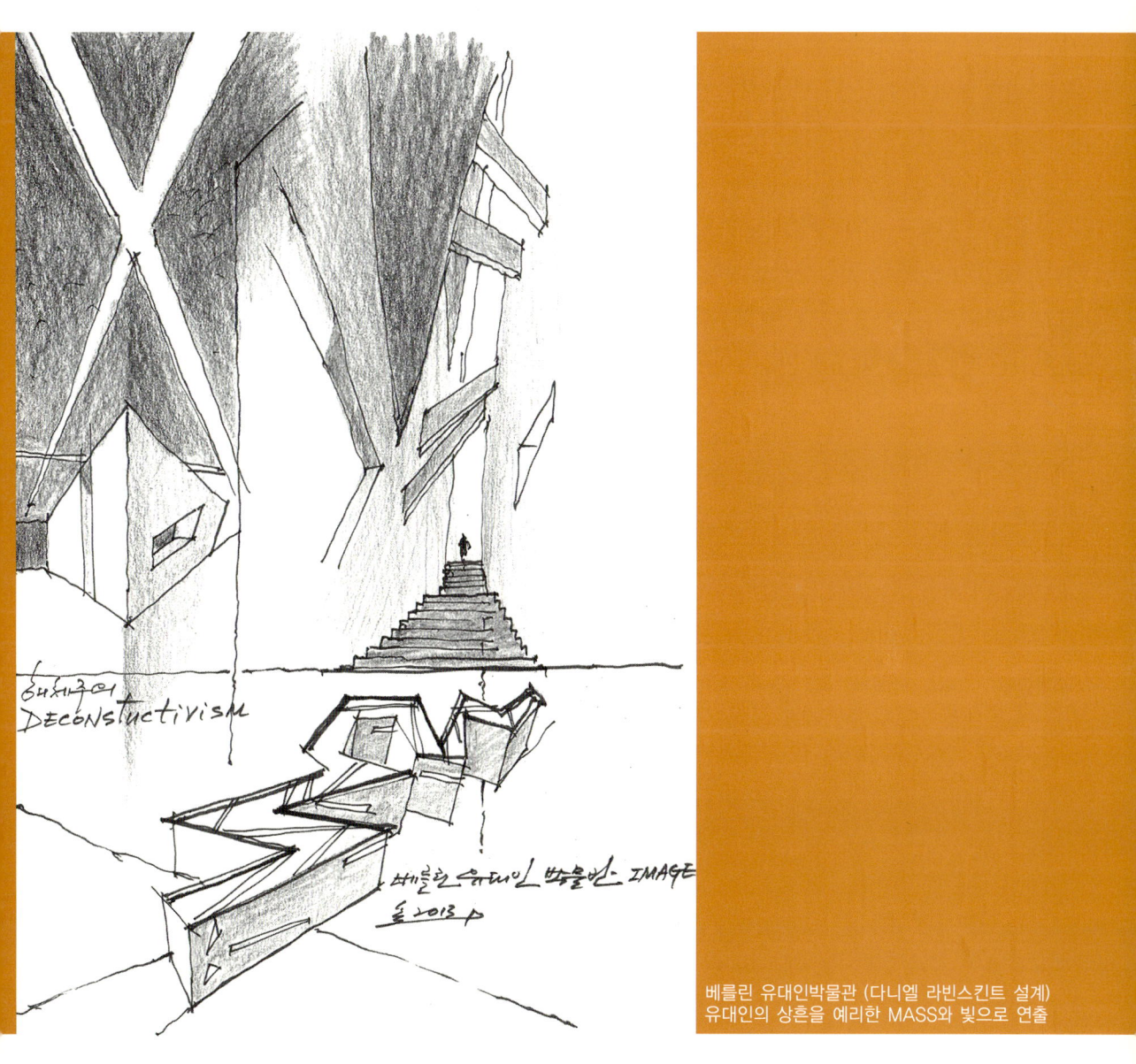

베를린 유대인박물관 (다니엘 라빈스킨트 설계)
유대인의 상흔을 예리한 MASS와 빛으로 연출

데리다의 해체주의(解體主義, deconstruction)가 등장하며 철학과 문학 미술에서 뿐만 아니라 1980년대 후반 건축 분야까지 확산되었던 시기였다. 건축에서 해체라 함은 조형의 분해 또는 풀어헤침, 그리고 건설(struction)에 반하여 파괴(destruction)를 지칭한다. 따라서 그것은 긍정에 저항하여 강한 부정적인 힘과 관련되어 있는 것이다. 다른 예술분야에서는 이해될 수 있을지라도 건축에서의 해체라 함은 당혹스러움이다. 안정을 이루어야 할 구조를 분리 해체하며 기둥과 벽을 기울이고, 복잡하고도 난해한 비정형 디자인이 관심을 불러일으키고 작품성을 인정받는 시기였다. 그 시기에 만들어진 파리 나빌레트 공원의 폴리(poly)들과 구조물은 해체주의에 충실하여서 모두 기울어지고 삐뚤어져 있다. 비정형과 불규칙, 뒤틀린 벽면으로 세워진 건축조형이어서 세계적 주목을 받고 있는 건축이 바로 '빌바오 구겐하임 미술관' 이다. 만약 그곳에 수직과 수평의 단정한 미술관이 세워졌다면 우리는 스페인의 작은 도시 빌바오를 기억하지 못했을 것이다.

지금 우리나라는 편 가르기 대립으로 파괴와 해체 사회로 추락하고 있다. 보수와 진보, 여·야 싸움, 개성공단과 북핵, 촛불집회, 전교조, 노사의 대립들은 비정형으로 치닫고 있다. 서로 다른 생각과 논리는 파괴가 아니라 창조로 발전해야 한다. 서로 다름과 차이에 대한 깊은 이해와 소통을 통해 다양함을 끌어안을 수 있는 성숙한 국가로 확장되어 가야 할 것이다.

북경에서의 하루

대구건축가협회가 개최하고 있는 '대구·경북 건축아카데미'는 지역을 벗어나 해외로 길을 열었다. 첫 걸음을 내디딘 곳은 중국 베이징(北京)이다. 건축학부가 5년제로 국제화되었고, 로컬 글로벌(Local Global)의 경계를 넘어 넓은 세계로 진출해야 할 때이다. 세계 건축가들의 진출과 대규모의 건축물이 넘쳐나며 쉼 없이 변화하고 있는 도시, 베이징을 지켜보면 나비효과는 점점 더 강해질 것이라 긴장을 아니 할 수가 없다.

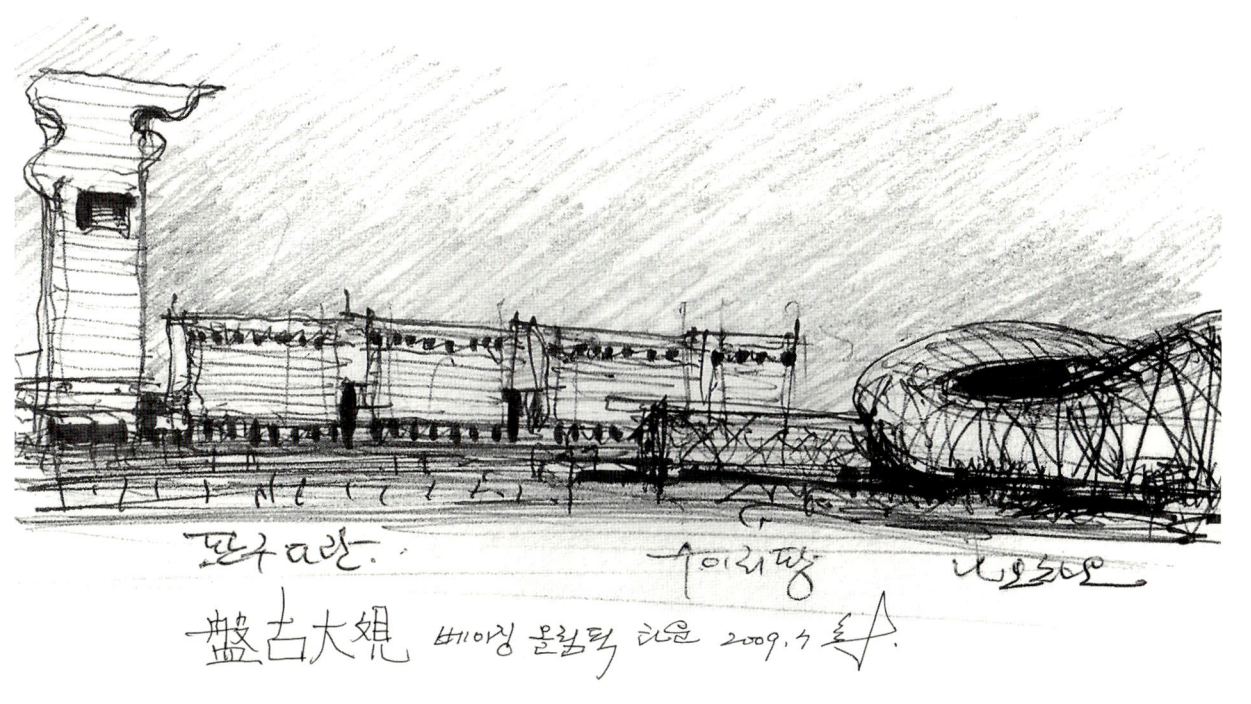

중국 전통주거 지역, 사합원으로 불리는 마당을 둘러싼 형태의 주거.
베이징올림픽 도시정비에 의해 많이 사라졌다.

중국은 베이징올림픽을 계기로 선진 국가, 선진 도시로의 전환을 위해 총력을 기울이는 듯 보인다. 올림픽을 맞아 수도공항(首都空港) 제3터미널을 완성하였다. 공항건축물은 마치 세계를 향해 승천하려는 중국의 힘과 같은 용틀임을 연상시킨다. 공항 내에서도 무인운전 자동시스템의 전철을 타고 한참을 이동할 만큼 단일 건물로는 세계 최대 규모이다.

올림픽 메인스타디움은 새둥지(鳥巢, 나오초오)를 이미지화하여 새삼 베이징의 옛 이름 연징(燕京)에서 제비집을 떠오르게 한다. 수영장은 워터큐브(水立方 수이리팡)라 부르는 물방울을 형상화한 건축이다. 두 건축에서는 강(強)과 유(柔)가 대립하면서도 나란히 조화를 이루고 있다. 강약의 조화, 그것이 곧 중국성인지도 모르겠다. 톈안먼(天安門) 광장은 절대권위와 통치를 상징하는 중국의 심장이다. 광장의 서측으로 인민대회당 곁에 폴 앙드류의 국립대극장(國家大劇院)이 탄생했다. 물 위에서 솟아오르는 듯한 반원형의 건축물은 낭만과 신비의 동양적 관조를 느끼게 한다. 프랑스 건축가는 호상선각(湖上仙閣), 극히 중국적인 발상으로 범우주적인 이미지를 설계했다.

798 예술단지, 따산쯔(大山子)는 문화 공간화와 관련하여 관심을 갖는 곳이다. 1950년대 시대적 흔적이 있는 폐 공장지대는 창작 공간과 전시장으로 전환되며 외국의 갤러리가 절반을 차지할 정도로 세계적 현대예술의 중심으로 부상하였다. 미술뿐 아니라 퍼포먼스, 촬영, 인스톨레이션, 패션의 중심으로 확산되고 있다.

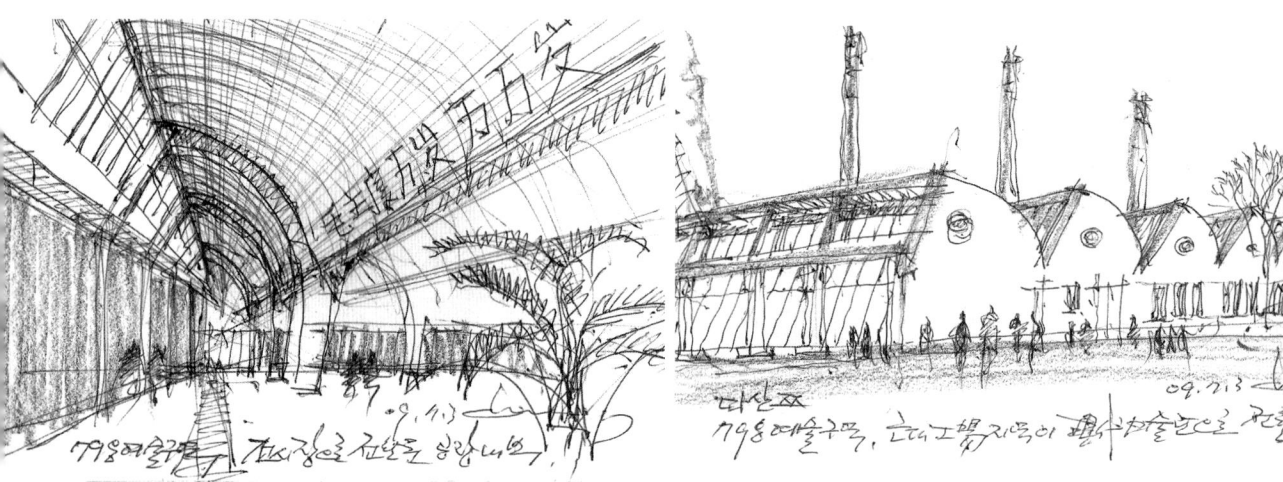

베이징의 도시와 건축에는 침범할 수 없는 중국성(中國性)이 강하게 자리하고 있다. 용과 봉황, 붉은색, 천지인, 화려함과 위엄, 부드러움과 강함, 전통과 현대가 공존하고 있다. 더 이상 중국을 13억 인구의 물량주의, 저렴한 상품, 급속주의, 정부통제 사회국가에서의 획일주의로만 치부해서는 안 될 것이다. 건축에서의 다양성과 유연함에서는 우리가 오히려 일률적이며 경직되어 있지 않나 자성하게 된다. 국가의 이익을 위해서라면 수단과 방법을 가리지 않는 중국에 비해서 우리는 내부의 소모적인 대립과 분열로 인한 국가 경쟁력 저하를 염려하게 된다.

베이징의 아침은 일찍 열린다. 지새우는 밤도 많아 보인다. 호텔 13층 방에서는 길 건너 대형 공사현장이 내려다보인다. 타워크레인, 불도저 기계 소리는 며칠 밤 내내 소음을 내고 있었다. 호텔 주변의 관공서와 빌딩에도 어둠을 밝히는 창들이 많이 보인다. 지난 수 년 동안 올림픽 준비로 도시 전역이 공사 중이었는데도 아직도 멈추지 않고 있다.

공동을 위한 중심선, 가이드라인

서울의 북서쪽에 위치한 파주시는 서울보다는 휴전선에 더 가깝고 한강보다는 임진강을 많이 접하고 있다. 오랫동안 군사보안 통제구역에 근접하여 개발과 거주성에서 낙후된 이곳에 파주출판도시와 헤이리 마을이 들어서면서 문화예술의 도시로 변화가 시작되었다. 자유로 주변, 아무도 눈여겨보지 않았던 열악한 습지대에 출판인들이 모여서 출판단지를 만들기로 한 것이다. 건축가에게 기획과 설계를 맡기며 작성한 계약서는 단 한 줄 '도시 전체의 조형미 등을 위해 공동 노력한다'는 것뿐이었다. 당시 이 일을 두고서 언론에서는 '위대한 계약서'라고 일컬었다.

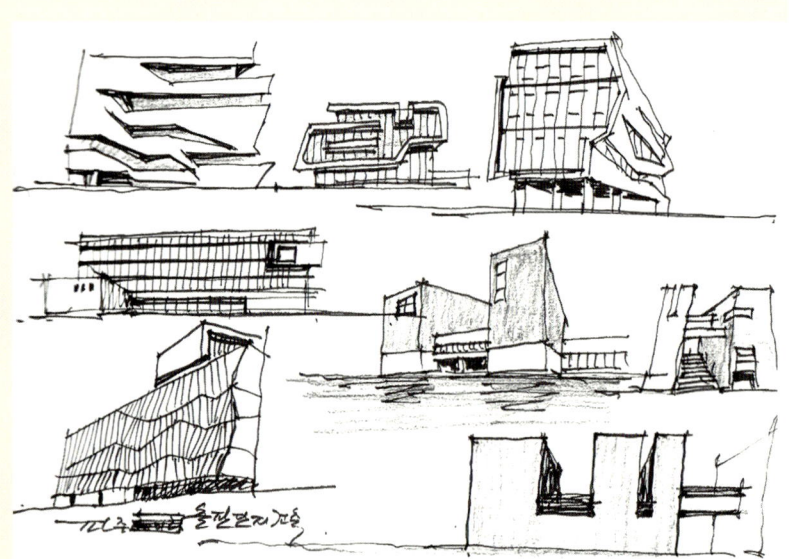

파주출판도시의 건축 이미지

헤이리 예술마을 건축 이미지

설계에 앞서 가장 먼저 디자인 가이드라인(Design Guide line)을 만들었다. 건물의 높이와 크기, 형태, 색상, 재질 등에 관해 엄격한 공통의 기준에 따르도록 하는 것이다. 습지대의 자연 지형을 그대로 살리고 최대한 활용하여 연못과 실개천으로 보전하였다. 건물뿐 아니라 다리, 가로수, 안내판까지도 생태환경도시의 건축철학에 맞는 설계지침을 적용했다. 출판도시에서는 4층 이상의 건축물이나 대형 간판 등 난잡한 건물은 찾아볼 수 없다. 자칫 잘못하면 출판 인쇄 산업단지의 건조할 수 있는 이미지를 극복하고, 국내 메이저급 출판사들이 모여 있는 생태 문화도시를 이룰 수 있었던 것은 건축디자인 가이드라인의 기획과 실천이었다.

'예술인들이 꿈꾸는 지상의 아름다운 마을'이라 일컫는 헤이리 마을의 시작은 모 방송인을 주축으로 한 음악 감상 모임이 도시를 벗어난 동호인 마을을 꿈꾸면서였다. 먼저 건축코디네이터를 선임하여 전체 배치와 도로망 계획 등 사전 분석 후 위치를 결정하였다. 난개발과 무질서를 방지하고 건축물 사이의 조화를 위해 건축코디네이터는 디자인 가이드라인부터 마련하였다. 공동지침 안에서 독창적 작품들이 탄생하였고, 일정범위 안에서만 건축을 하고 마당은 연속성으로 이어지는 공간질서를 만들었다. 49만5천㎡(15만평) 단지의 헤이리에는 입주 심사를 거친 미술인, 음악가, 건축가, 작가, 영화인, 출판인들이 참여하며 주택과 작업실, 갤러리, 박물관, 북센터, 공연장, 커뮤니티 하우스가 들어서고 있다. 문화와 예술을 주제로 한 건축공동체운동인 것이다.

디자인의 가이드라인은 반드시 지켜야 하는 최소의 기준과 권장의 기준을 정함으로써 디자인 수준을 향상시키는 역할을 한다. 최근 공공디자인과 도시 경관디자인이 중시되면서 정부와 자치단체에서는 가이드라인과 지침을 제정, 공공부문에서부터 적용하고 있다.

일정한 라인(line)은 규제, 한정, 구속을 떠올리게 하지만 정작 그 틀 안에서 우리는 자유를 영위하고 안전을 보장받는다. 도로 위의 자동차는 중앙선, 주행선과 정지선에 따라 움직이고 멈춤으로써 안전운행을 할 수 있다. 이러한 안전선과 가이드라인은 우리사회 어느 부문에서나 필요한 것이다.

헤이리 어느 건물 앞에는 고은 시인의 시가 쓰여 있다.

"나는 이곳에서 혼자가 아닙니다. 나는 이곳에서 당신의 당신입니다."

헤이리를 만들어낸 공동의 힘, 합력하여 선(善)을 이루게 하는 힘. 가이드라인의 의미가 느껴지는 글이다.

우리 도시의 의자

스위스 국경도시 바젤(basel) 시에는 1940년대에 설립된 세계적인 의자 회사인 비트라(Vitra) 본부가 있다. 그곳엔 거리와 공원에도 의자를 조형화한 작품이 곳곳에 위치하고 아파트 외벽에도 매킨토시 의자가 환경조형물로 매달려 있다. 도시의 캐치프레이즈도 '우리 도시에서는 의자에 앉으세요'로 의자를 도시 브랜드화하고 있다. 거리 이름도 비트라 회사를 탄생시킨 미국의 디자이너 부부 이름을 딴 '찰스 임스 가'(Chales-Eames Strasse)이고 그 1번지에 비트라가 있다.

바젤은 미술관, 박물관이 무려 40여 개나 있는 문화·역사의 도시이다. 또한 20세기 건축의 진화를 살펴볼 수 있는 도시로 불릴 만큼 세계 유명 건축가들의 건축물이 많다.

비트라 공장의 건축물을 세계적인 건축가에게 설계를 의뢰하고 독창적인 건축을 만들면서 그 수천 배에 달하는 홍보 효과를 거두고 있다. 바젤 도시의 문화적 배경에 걸맞게 건축적 문화유산으로서 도시이미지 창출에 동행을 하고 있는 것이다. 지금도 비트라 공장에는 건축물 견학과 박물관 관람을 위해 세계에서 찾아오는 방문객이 끊이지 않는다.

'비트라 디자인 박물관'은 빌바오 구겐하임 미술관으로 유명한 프랑크 게리가, '콘퍼런스 파빌리온'은 일본의 안도 다다오가 설계하였다. 비트라 소방서 건물은 서울 동대문 플라자파크를 설계한 자하 하디드가 설계하였고, 영국의 그림 쇼와 포르투갈의 알바로 시자는 생산 공장 동을 설계하였다. 벅민스터 풀러는 '지오데식

스위스 국경 도시 바젤 근처의 독일 바일 암 라인에 위치한 비트라 가구회사. 1940년대 바젤에서 창립한 세계적 가구기업 비트라는 유명 건축가의 건축으로 이루어져 있다. 견학을 위해서는 관광투어 신청을 해야 한다.

상 / 공장에 화재가 잦아 자하 하디드에게 설계 의뢰한 소방서 건물, 지금은 가구 박물관 기능으로 사용
하 / 프랭그 게리가 설계한 비트라 뮤지엄

돔'을 그리고 사소한 주유소 건물까지도 장 프루베에게 설계를 맡긴 것이다.

1993년도에 세워진 수직 벽과 수평이 없어 보이는 원근법 꼭짓점으로 모여진 형태의 소방서 건물은 이스라엘 여성 건축가 자하 하디드를 세상에 알리는 계기가 된다. 불과 660여㎡(200여 평) 남짓한 작은 건물들이지만 독창적인 건축물이 모여 있어 건축 견학 투어로 유명한 장소가 되었다.

CF촬영 장소로 광고에 등장하기도 하는 유명한 건축물을 보기 위해서 방문객들은 비싼 입장료를 지불하고 '뮤지엄 건축투어' 프로그램에 등록해야 한다. 방문객의 수입과 서점·아트숍·커피숍 운영은 문화 사업으로서 기업브랜드 이미지를 극대화하여 그 효과는 계산할 수 없을 정도이다. 비트라 디자인 박물관(Vitra Design Museum)은 세계 의자의 역사를 망라한 1천800여 점을 보유 전시하고 있고, 디자인 관련 전시·출판·세미나 등 문화 사업이 전문가 팀에 의해 이루어지고 있다.

지역에서 시작된 기업이 그 장소에서 오랜 전통을 지켜오고 그 도시와 함께 역사와 문화를 만들어 가는 비트라 같은 기업 풍토가 부럽다. 이러한 사례는 우리 주변에서 찾아보기가 쉽지 않다.

그런 측면에서 기업은 떠나고 없지만 역사의 흔적과 장소의 재생을 생각해본다.

한국의 비트라, 그 실현을 위해서는 전통과 건축문화의 가치를 중요시하는 기업 철학이 절실히 필요할 것이다.

우연에서 발견하는 행운

가을이 오면 문득 영화 한 편이 그리워진다. 가을에 감상하는 음악이나 영화는 유난히 서늘한 감성으로 다가온다. 가을에 떠나는 여행 또한 그러하다. 업무나 행사 관계로 떠나는 길에서 계절의 소중함을 느끼기도 하고 무심코 채널을 돌리다가 맞닥뜨린 영화에서도 우연한 감동을 접하게 된다. 바쁜 일상에서 따로 시간을 낼 여유가 없다 보면 그 우연함이 더욱 소중하다.

이번 건축답사 일정은 경주에서 열린 행사와 인근 사찰 견학이었다. 드넓은 황룡사 터를 지나는 길목에서 코스모스 들판을 만났다. 단풍이 들기 시작한 덕동 댐에서는 파란 하늘이 비친 가을 물빛을 보기도 했다. 건축을 보러 가는 길에 가을을 덤으로 만나게 된 것이다.

우연하게도, 행사의 특강에서는 2001년에 개봉했던 영화 '세렌디피티'의 줄거리를 20여 분의 짧은 시간 동안 감상할 기회가 있었다.

크리스마스 시즌, 뉴욕의 백화점에서 두 남녀는 우연히 만나게 된다. 서로의 약혼자가 있는 그들은 서로가 특별한 사람임을 직감한다. 하지만 그들은 자신이 없다. 지금껏 그들이 살아온 논리와 이성

을 포기한 채, 본능적인 이끌림을 쫓는 것이 불안하다. 그 불안은 운명이란 이름 아래 합리화될 수 있다고 믿는다. 5달러짜리 지폐에 쓰인 남자의 이름과 전화번호, 그리고 책의 첫 장에 쓰여 있는 여자의 이름과 전화번호, 이 소중한 단서를 혼잡한 도시 속에 던져버린다. 이후, 운명적인 계시와도 같은 우연한 사건들이 연속되며 10년 후 그들은 재회하게 된다. 운명적 만남에 대한 로맨틱 영화는 해피엔드로 끝난다. 그러나 운명이라는 것이 영원한 사랑을 보장할 수 있을 것인가 하는 현실적 의문이 남는다.

세렌디피티(serendipity)라는 말은 생각하지 못한 행운을 우연히 발견하는 것을 가리킨다. 특히 과학에서 실험 도중에 실패로 얻어진 결과에서 중대한 발견이나 발명을 하는 것을 의미한다. 플레밍이 실험 실패로 창가에 내버려둔 배양균 접시에 먼지가 날아들어 생겨난 곰팡이에서 페니실린을 발명한 것도 우연함이 가져다 준 결과였다.

액션 페인팅의 화가 잭슨 폴록의 작품은 우연함의 결과로 쉽게 보여 지기도 한다. 우연하게 그려진 것처럼 보이는 것과 달리 그는 오랜 시간을 심사숙고하여 작품을 제작한다고 한다. 우연함으로 보이는 이면에는 또 다른 노력과 고뇌가 숨어 있는 것이다.

우리는 빈틈없이 계획하고 치열하게 노력하며 예정하는 삶의 방향으로 나아가는 것을 목표로 살아간다. 그러나 돌이켜보면 우리의 삶이 그 계획대로 순조로웠는가. 삶은 상식과 체계화된 논리와 경험만으로는 진행되지 않는다는 사실을 깨닫게 된다. 인생은 우연한 기회에 뜻하지 않은 방향으로 선회하고 추락하기도 한다. 그래서 설명하기 힘든 일이나 합리화를 위해서는 행운이나 운명이란 단어를 사용한다. 하지만 생각하지 못한 행운이 정말로 우연히 발견되는 것일까.

세렌디피티라는 말에서는 '행운을 발견하게 되는 우연'이라고 설명하고 있다. 하지만 우연이라기보다는 '우연을 가장한 필연'이라고 해야 맞는 말이 될 것이다. 기적 같이 느껴지는 우연한 행운도 그 속을 들여다보면 노력과 준비에 대한 결과인 셈이다.

최선을 다한 뒤에 보이지 않는 행운과 우연함을 기대한다면 세렌디피티라는 행운이 우리를 찾아주지 않을까.

마당 넓은 집, 마당 깊은 집

'솔약국집 아들들'이라는 인기 TV드라마가 있었다. 핵가족 시대에 보기 드문 3대 가족이 모여 살며 일어나는 가족 간의 사랑과 건전한 결혼풍속도를 그린 드라마였다. 솔약국네 집은 마당을 중심으로 집과 방이 둘러싸는 'ㅁ'자 형태의 개량 한옥이다. 집의 구조처럼 집안은 질서 있고 사랑에서도 안마당처럼 넉넉하며 안온하다. 어느 시청자는 '마음으로 본 드라마'라고 평하기도 했다.

또 다른 인기 TV드라마로 '엄마가 뿔났다'라는 게 있었다. 이 드라마에서도 4대 가족이 한 집 마당에서 살아간다. 2층집과 아래채에는 고모네 집, 세탁소 가게까지 딸린 이 집 역시 마당공간을 사이에 두고 전개되는 가족드라마이다. 핵가족 아파트시대에 이미 상실해 버린 대가족의 모습들, 그 틈바구니에서의 갈등과 반란조차도 지금은 그리운지도 모른다.

많은 드라마에는 어수선한 마당 집과 대조적으로 고급 아파트와 고품격 거실이 등장한다. 상류층의 물질적 풍요의 상징으로 등장하는 아파트 거실은 가족애와 인간성이 결여된 가정으로 희화화된다. 마당 집이 인간적인 공간으로 표현된다면 고급주택의 거실이나 대기업 로비와 회장실은 그와는 대조적인 막장드라마 배경으로 등장한다.

전통주거 요소인 마당과 대가족이 드라마 무대에 자주 등장하는 것은 우리 정서에 자리하고 있는 보편적 주거형태에 대한 공감을 보여주는 것이다. 집 안마당은 세면과 빨래, 김장은 물론 가족들의 대화 감정표출도 일어나는 다기능 공용공간이다. 여름밤 평상에

누워 별을 헤는 사색의 공간이기도 하다.

또한 마당은 대문에서 마루로 이어지는 과정적 여유 공간이며 대문을 나서면 골목으로 이어지는 소통 연결공간이다. 부대끼며 살아가는 가족들과 파노라마로 펼쳐 보이는 마당과 골목의 전개는 다양한 스토리텔링이 살아 숨 쉬고 있다. 하지만 지금은 사라져 가고 드라마에서만 볼 수 있는 향수요 추억이 되고 있다.

소설가 김원일의 작품 '마당 깊은 집'은 6·25 전쟁 직후인 1950년대 대구의 골목 마당 깊은 집에 모여 살던 사람들의 이야기를 다루고 있다. 소설은 1990년 TV드라마

옛 읍성의 흔적,
골목문화를 재생하고있는 대구의 근대골목

로 제작 방영되기도 했다. 최근 과거의 골목길 흔적과 마당 깊은 집의 원형을 찾는 작업이 이루어지고 있다. 그동안의 '마당 깊은 집'은 기억하기조차 싫은 피란시절 생존의 현장으로 여겨졌지만 지금은 골목문화의 재생과 문학의 산실로, 새로운 도시 스토리 가치로 인식되고 있는 것이다.

오랜 세월 동안 지켜온 전통건축의 요소들은 현대 도시 변화에서 경제적 논리에 밀려서 온전하게 정착을 못해 왔다. 서울 북촌의 한옥동네들도 개발이냐 보존이냐 시행착오를 거쳐 오면서 최근에서야 문화적·경제적 가치로서 정착되었다. 큰 골목에는 느티나무 아래 마당이 넓은 주민자치센터 갤러리 문학관이 있다. 골목 안길에는 마당 깊은 집들이 품위 있게 모여 있다. 마당은 서양의 테라스나 발코니보다 훨씬 다양한 기능과 풍요로운 인간적 정서를 담고 있다. 현대의 아파트에도 일률적인 발코니와 거실 대신에 전통 한옥 마당 집의 공간개념을 도입하는 노력도 기울여야 할 것이다.

마당에서는 서로 다름과 차이도 이해되고 소통되며 배려하게 된다. 넓은 마당에서는 마음이 넓어지고 정도 더욱 깊어질 것이다. 가을에는 마당처럼 넉넉한 가슴이 되어 보자.

명품건축이 명품 도시를 만든다

시드니 오페라하우스

훌륭한 건축물 하나로 인해서 그 도시, 그 나라가 더욱 유명해지는 경우를 종종 보게 된다. 호주의 시드니 오페라하우스로 인해 시드니는 세계 3대 미항이 되었고 호주에 대한 인식을 바꾸어 놓았으며, 2007년 이 건물은 유네스코 세계유산으로 선정되기도 했다. 바다를 배경으로 요트를 연상케 하는 역동적 형상의 건축 명품이 탄생하기까지에는 결코 순탄하지 않은 위기와 특별함이 있었다.

57년 현상설계공모에서 1차 심사에 탈락하여 바닥에 쌓여있던 이 작품은 한 심사위원의 재심 요구에 의해 극적으로 빛을 보게 된다. 그는 호주 국민도 아닌, 덴마크의 신인건축가 요른 웃존이었다.

비용과 시공상의 어려움으로 창의적인 설계안의 변경을 수차례 요구했지만, 건축가는 단호히 거부하였다. 4년 공사 예정이 15년으로 장기화되고 두 배 가까이 늘어난 예산 문제로 정치적 소용돌이에 휘말리자 결국 그는 설계자 사임을 당하였고 다시는 호주 땅을 밟지 않았다고 한다.

건축가는 영국에서 열린 건축상 시상식에서 다음과 같은 이야기를 하였다.

"진정 당신들이 그 건축가의 작품을 좋아한다면, 그에게 상이 아닌 설계할 작품을 주십시오."

진정 건축가에게 필요한 것은 상이 아니라 작품을 설계할 건물이라는 사실은 건축가라면 누구나 느끼는 뼈저린 현실일 것이다.

파리 센 강변도로를 차로 달리다 보면 도로 위를 가로질러 강 수면에까지 침범한(?) 건물 아래를 지나게 된다. 건축행위 금지구역인 도로와 강 위에 세워진 이 건축 작품은 국가 재무성 청사 건물이다. 현상공모에서 지침위반과 법규위반 논란에도 불구하고 창의적인 아이디어로 인하여 당선되고 실행된 센 강변의 파격적 건축 조형물이다.

 현상설계 공모과정과 결과에 대해서 불만이 자주 제기된다. 독창적 설계 아이디어를 구하고자 함인지, 단순히 설계용역을 위한 요식인지가 분명해야 한다. 설계공고 시 심사위원을 사전 공개하여 의도와 목적을 선명하게 하며 심사과정에서 설계자 의견 발표 기회를 부여하고 평가결과를 공개해야 한다. 한편 제출안에 대한 과다한 작업량과 비용투자, 까다로운 조건 등은 참여기회와 아이디어를 제한하는 일이다. 현상설계뿐 아니라 시공과 관련한 P,Q 턴키 등의 선정과정에서 심사위원 예상 교수들을 찾아다니는 관행은 분명 없어져야 한다. 이러한 변화를 실천하는 것도 분명, 명품도시 이미지를 구축하는 작업이다.

 창의적 건축, 명품 건축의 탄생은 건축가의 능력에서 나오는 것이 아니다. 건축주(owner)와 행정부서가 창의적 사고와 수용의 환경을 갖추었을 때 가능한 것이다.

 문화공간을 수용하는 프로그램보다 더 중요한 것은 건축의 작품화·명품화이다. 시드니 오페라하우스, 빌바오 구겐하임 미술관, 파리 퐁피두센터, 나오시마 미술관의 수십만 방문객 대다수는 건축가가 설계한 건축명품을 보러오는 관람객이기 때문이다.

 이제는 건축이 문화적·도시적 주요 아젠다로 등장해야 할 것이다. 그래서 우리의 건축이 성공 사례로 거론되고 외국과 타 도시에 없는 도시환경 건축명품이 탄생하기를 기대해 본다.

사라지는 것에 대하여

9·11테러에 무너진 뉴욕 월드트레이드센터를 설계한 건축가는 일본인 2세 미노루 야마자키이다. 수많은 건축 성과에도 불구하고 그는 불행한 건축가로 각인되어 있다. 그는 60년대 말 세인트루이스에 아파트 단지를 설계하였다. 이 아파트는 수요예측 기초분석 오산으로 곧바로 슬럼화 되며 불과 5년 뒤에는 철거되고 말았다. 1972년 7월15일 오후 3시32분 다이너마이트로 폭파되는 그 시각 그 장면은 '근대건축의 종언'이라는 상징으로 기록되고 있다. 건축은 사회적 책임, 알 수 없는 미래적 운명까지도 함께 하는 것이다.

문경새재 관문

상 / 서울 삼성동 I'PARK TOWER (다니엘 리베스컨트 설계)
하 / K-RING 금호복합문화공간 (장윤규 설계)

파리 근교의 빌라 사보아는 르 코르뷰제가 설계한 2층 주택이다. 고속도로 계획으로 철거당할 운명이었던 이 건물은 당시 문화부 장관 앙드레 말로에 의해 문화재로 지정되었고 시 당국은 도시계획을 변경하며 주택을 보존하게 되었다. 빌라 사보아는 오늘날 '근대건축의 5원칙'으로 건축이론의 텍스트가 되었으며 세계 건축학도들의 순례지가 되고 있다.

서울 남산 기슭 장충동에는 김수근 선생의 자유센터 건물이 있다. 당시 이 건물에서 해외여행자들이 의무적으로 반공 교육을 받았던 곳으로, 5·16 군사정권의 시대적 이미지가 짙게 드리운 전근대적 건물이다. 지금은 더 이상 반공교육의 장으로 활용되지는 않지만 60년대 노출 콘크리트 초기 건축, 조형적 건축미의 생명력은 아직까지도 존재하고 있다.

시인이자 건축가인 김중업 선생이 설계한 작품은 낭만적인 독창성을 지니고 있다. 몇 남지 않은 대표작 가운데 하나였던 제주대학 본관 건물은 지금은 철거되어 사라져 버렸다. 대학은 근시안적 안목으로 제주의 문화 관광명품 하나를 없애버린 것이다. 대학에서조차 역사적·문화적 안목으로 생존을 못하는데 개인소유의 건축 작품은 어찌 보존되며 어찌 살아남을 수 있을 것인가.

1993년에 사라져버린 구 중앙청(일제 총독부) 건물은 자라나는 신세대에게는 기억조차 없을 것이다. 식민시대의 유산으로 치부되어 '역사 바로 세우기' 정책에 따라 철거된 르네상스 건축은 세계에서 단 하나밖에 없는 역사박물관인 셈이다. 그 당시 건축과 학생이 제안한 작품이 있었다. 구 중앙청 건물을 땅 밑으로 내려 보존하고 그 위를 걷게 하자는 것이었다. 철거는 역사의 소멸이다. 소멸이 아닌 보존과 재생의 정책이야말로 시간이 흐를수록 더 큰 가치를 발휘할 것이다.

제4부
유럽 건축 기행

파리와 에펠탑
르꼬르뷔제와 현대건축
사보아 주택
APT건축의 조형성 - I
APT건축의 조형성 - II
루브르궁의 피라미드
하이테크 건축 퐁피두센터
21세기 환상공원 라빌레뜨
카메라의 눈 아랍세계연구소
건축가의 오케스트라 '산업과학박물관'
지하의 도시공간 - 레알광장
미래의 개선문 그랑 아르슈
비엔나의 낭만 훈데르트바셔 하우스
도시속의 미술관 - 클로어 갤러리

대청마루 누마루의 교감 – **병산서원**

여름의 건축공간으로는 대청마루가 단연 으뜸일 것이다.

땅에서 적당히 높은 기단과 누마루 구조는 더워진 지열에서 벗어나고 뒷문을 열면 바람 길이 열려 자연 통풍이 된다. 틔어진 앞 공간으로는 먼 산의 경관이 가득 들어오고 뒷마당 후정의 근경이 가까이 한다.

한국의 전통건축은 대체적으로 마당을 중심으로 집이 배치된다. 그리고 집 안에서는 대청마루를 중심으로 좌우 방들이 배치된다. 즉, 비어진 마당과 마루의 공간을 가운데 두고 집과 방들이 채워지는 것이다. 그 마당과 마루는 다목적 생활공간이다.

소쇄원의 광풍각, 구미 채미정은 사방의 들 문을 올리면 방은 사라지고 집 전체가 마루가 되어 사방의 자연과 소통하는 우주적 공간이 되는 건축이다.

병산서원의 주공간인 입교당 대청마루에 앉아본다. 만대루 누마루 시각적 틀을 거쳐서 강줄기와 앞산을 교감하게 된다. 엄격한 좌우대칭, 위계질서의 서원건축이지만 마당과 마루로 통하여서 공간은 자유롭고도 개방적이다.

매캐한 모깃불에 구워먹던 옥수수, 어머니의 다듬이 소리, 대청마루 모기장 안에서 잠이 들던 그 시절이 그리운 유난히도 무더운 여름밤이다.

파리와 에펠탑

파리는 예술가가 아닐지라도 누구나가 동경하는 도시이다. 그 이유로는 다양한 문화가 숨 쉬는 도시, 자유롭고도 낭만적인 도시의 분위기 때문일 것이다.

에펠탑에서 내려다본 시가지.

파리는 왕정시대에서부터 시민 민주혁명에 이르기까지 다양한 역사적 분위기를 지니고 있다. 고전과 첨단을 조화롭게 수용하고 있는 파리 거리의 건축물에서 그대로 느낄 수 있다.

GOTHIC건축양식의 정수인 시테 섬의 '노트르담 성당(cathedrale Notre-Dame)', HIGH TECK건축의 선두주자 '퐁피두 센터', 해체주의 건축의 '라 빌레트(parc la villette)' 공원시설 등 에서 전통적 보수성과 혁신적 해체성이 「보존과 진보」의 정책 배려에 힘입어 다양한 건축문화가 공존하고 있는 것이다.

1800년대 초반 나폴레옹 군정시대에 대대적인 파리 시가지 개조의 대역사가 이루어졌다. 지금의 '개선문'을 중심으로 한 방사선형태의 상징적이고 권위적인 근대 도시형태가 정립되었고, 1980년대에는 미테랑 행정부의 대통령 'BIG PROJECT' 사업이라 일컫는 10여 년의 건설계획이 완료되며 현대 문화도시로서의 품격을 갖추어 왔다. 과거 산업혁명 이후의 3차례에 걸친 세계박람회 개최로 인해 건물과 시설들은 근대도시와 현대건축의 시기를 앞당기는 중요한 계기가 되었다고 볼 수가 있다.

센 강과 함께 파리를 상징하는 '에펠탑(Eiffel)'은 1889년 파리 만국박람회의 상징시설로서 구조기술자 '구스타브 에펠(Gustave Eiffel)'에 의해 설계되고 설립되었다.

사이요 궁 광장에서 바라본 에펠탑

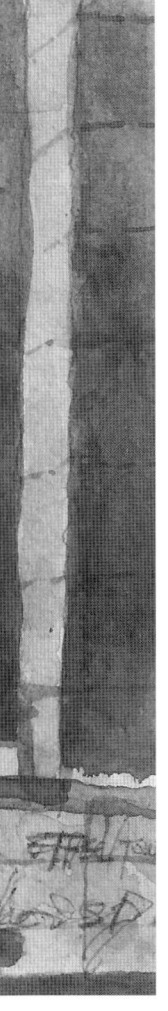

　에펠탑은 높이 300m(1,000ft)로서 3단계의 전망대(1단 57m, 2단 15m, 3단 274m)로 구분된다. 당시로는 획기적인 수직 상승기 시설과 함께 최초의 대형 조형물로서의 의미는 프랑스의 기술과 산업의 위용을 나타내며 근대 기술문명을 가름하는 척도가 되기도 한다.

　건축적인 의미로서는 18C 산업혁명 이후 철 유리 콘크리트의 발명으로 건축의 대규모화, 구조의 획기적인 진보, 조형성의 자유로운 표현으로 근대건축의 태동기에 도달할 즈음에 에펠탑이 등장한다.

　상상을 초월하는 구조의 미학적 해석과 조형적 비례감, 도시적 거대 SCALE의 조형물로서 구조물이냐? 건축물이냐? 상징물이냐? 기념탑이냐? 의 한계를 초월하는 시대적 작품이 등장한 것이다.

　그 당시 철의 과잉생산과 세계적 공황으로 인한 경제적 슬럼프의 시기에 에펠의 STEEL 타워로 인하여 철골수요의 급증과 함께 국가경제 전환의 계기가 됐다는 일화에서 그 영향력을 읽을 수 있다.

　에펠탑 주위의 박람회 시설들과 주요 건물들은 지금까지 박물관, 전시장 등의 문화공간과 휴식공원으로 이용되어지고 있으며 국가 행사시에는 밤하늘을 배경으로 화려하게 연출되는 에펠탑의 위용에서 도시 상징물이 어떤 의미를 갖는가를 실감 할 수가 있다.

　에펠에서 내려다보면 센 강의 '이에나 교', '사이요 궁전(Palais de chaillot)', '트로카데로' 공원으로 이어지는 경관 축과 반대방향으로 광활한 배치의 대칭, 수목 조경배치 수법과 함께 뛰어난 도시계획의 예술성을 느끼게 한다.

멀리 외곽으로의 파리시 원경은 광활한 사막의 지평선 같이 보일 뿐, 사방팔방으로 산자락 하나 없는 삭막함뿐이다. 비교해 보면 우리나라 도읍의 풍수지리적 해석 없이도 풍요로운 산과 물, 다양한 지형적 풍토와의 차이를 발견하기란 어렵지가 않다. 볼품없는 자연적 조건의 불리함이 상대적으로 도시 건축의 창조성에 치중하게 되었으리라 느껴진다.

늦은 가을 석양의 사이요 광장에는 연인들의 낭만의 그림자가 늘어나고 TV CF에도 자주 보였던 눈에 익은 공간이기도 하다.

우리에게도 귀중한 시설들과 역사적 작품들이 100년이 넘게 파리의 상징이 되고 있는 에펠에 비견되는 생명력을 갖게 되길 기대해 본다.

- 건축미학의 제 1원리는 기능에 대한 적합성을 척도로 기념비의 본질적인 형태를 결정해야만 한다는 것이다. -

〈구스타브 에펠〉

르꼬르뷔제와 현대건축

Villa Savoye. Poissy. Paris. 1923-31. Le Corbusier

현대건축사에 가장 큰 영향을 끼친 건축가 3인을 꼽는다면 '꼬르뷔제(LeCorbusier)' '라이트(F.L.Wright)' '미스(Mies van der rohe)'를 들 수 있겠지만 건축 조형적 해석에 가장 탁월하고 가장 폭넓은 예술가로서의 영역을 구축한 건축가가 바로 꼬르뷔제라고 하겠다.

현대건축들과 건축가들은 꼬르뷔제와 관련을 갖거나 그의 영향을 가장 많이 받았다고 할 수 있으며 현대건축의 흐름을 파악하기 위해서는 우선적으로 그의 작품과 이론적 배경을 이해해야 하리라 본다.

서양예술사의 한 장을 점유하기도 하는 건축가 '르 꼬르뷔제'는 스위스 태생으로 본명 '샤를르 에드와르 쟌네르'이다. 1887년 시계공의 아들로 태어나 정규 교육을 받지 못하고 미술공예 학교를 수학 후 유럽을 여행하며 건축적 안목을 키웠고 파리에 정착하며 미술가와 건축가의 길을 함께 걷는다.

1918년부터는 화가 오장팡(ozanfant)과 함께 퓨리즘(순수주의) 회화운동에 참여하며 신예술 잡지 「에스프리 누보(Esprit Nouveau:신정신)」를 1921년에 창간한다. 이 잡지는 회화, 공예, 건축, 음악, 문학 등

총체적 예술상황에 대한 계몽적 평론을 위주로 싣고 있다. 낮에는 건축 설계 작업, 밤에는 회화작업에 몰두하며 당시 혁신주의 퓨리즘 미술전시회를 2회 개최한다.

  그의 회화작품은 정물을 위주로 한 '대상의 투명성' 과 '윤곽의 배합'을 주제로 후일 그의 건축 작품에도 용해되어 표현되며 꼬르뷔제 건축조형성에 근원적인 영향을 주고 있다. 당시 프랑스의 건축적 상

사보아 주택내부,
가벼운 원형기둥, 원형계단이 있는
사보아 주택의 현관 홀.
2층 테라스에서 옥상정원으로 오르는 램프

황은 에펠탑 같은 대형 철제구조물이 가능하고 '오그스트 페레(Auguste perret)'와 '토니 그라니에 (Tony Granier)' 같은 선구적 건축가에 힘입어 철조 콘크리트를 본격적으로 건축물에 사용하는 현대건 축의 발전기에 이르렀다. 꼬르뷔제 또한 콘크리트가 갖는 역학적 완결성과 조형적 자유로움을 일찍이 발견하여 그의 독특한 건축 조형성을 추구하기 시작한다.

그의 진정한 건축적 출발점은 1915년 '도미노(Domino)' 이론을 발표하고부터이다.

벽체가 건물하중을 떠받치는 전통적 구조 개념을 벗어나 주택의 대량생산과 프리훼브(조립식)System 을 가능케 한 방식으로 6개의 콘크리트 기둥, 3개의 슬라브, 2개의 수직계단으로 구성되는 콘크리트 건 축의 실체를 정립하는 계기가 된다. 이 System은 오늘날 모든 콘크리트 구조에서 사용되고 있는 보편 적 방법이지만 그가 파리에서 활동하기 이전 스위스 지방의 미술학교 교편생활 중 제안된 이론이기에 실로 놀라운 것이다.

그의 건축사상과 이론을 명백히 결정짓고 건축사에 빛나는 십계명인 '근대건축의 5원칙'이 있다.
1. 독립된 기둥(필로티)
2. 옥상정원
3. 자유로운 평면
4. 연속된 창
5. 자유로운 입면

파리근교에 있는 사보아주택에서 그의 건축 5원칙을 완벽하게 표현하고 있고 현대건축의 상징이기도 한 이 주택은 롱샹교회와 함께 세계의 건축가 학생들이 견학하는 건축성지와도 같은 곳이다.

사보아 주택(Villa Savoye)

파리에서 자동차로 30여분 달려 초원 위의 근교도시 Poissy시에 도착, 언덕굽이 길을 돌아서 사보아 주택을 만난다. 1931년에 완성된 이 주택은 이미 80살이 넘었지만 잘 보존되어 노후생활을 평온히 즐기고 있었다.

사보아 주택은 근대건축 5원칙으로 설계되어 80년을 지나도 현대적 조형성을 지니고 있다.

도시계획에 의해 학교부지로 확정 철거될 운명에 놓였으나 당시 문화상인 '앙드레 말로'의 문화보호 정책에 힘입어 영구 보존키로 결정되었다. 지금은 '꼬르뷔제 재단(Foundation Le Corbusier)'에서 관리 보존하고 있다.

관광지가 아닌 Poissy시의 명소가 된 것은 사보아 주택을 보존하려는 문화예술 정책의 결과였다. 건축인이라면 누구나가 꿈꾸는 사보아 순례지, 한층 돋보이는 것은 곧 프랑스의 문화적 배경이다.

우리의 문화배경을 살펴보자. 국내 유일의 꼬르뷔제 제자가 고 김중업선생이다. 몇 남지 않은 그의 작품 중 「구, 제주대학 본관건물」은 제주의 초가 오름 올레 곡선을 연상시키는 독특한 작품이었다. 이 건물이 노후화 되자 찬반논란의 집행유예도 없이 1995년7월 흔적 없이 사라져 버렸다, 건축가협회와 일부 건축가의 작은 목소리도 묻혀 버렸다. 이 건물이 보수 존속되었더라면 지금쯤 건축박물관이 되어 제주를 찾게 하는 문화 상품이 되어 있을진대, 새로운 작품과 새로운 문화진흥 정책만큼이나 역사적 기록, 흔적, 기존작품의 존속도 시급한 것이다.

사보아는 거창하지도 사치스럽지도 않은 흰색의 장방형 BOX 모양이다. 주택답게 만들려는 장식 사치도 없다.

① 필로티 - 자동차의 회전반경을 근거로 하여 계획되어 있다. 아이들이 보호되어 놀 수 있고 작업 공간이 될 수도 있는 다목적 공간이다. 주차난과 부지가 협소한 우리의 실정에선 다가구 주택에서의 주차장으로 활용하고 있다. 그러나 그 기능 개념이 판이하고 여유의 공간이 아니다.
② 옥상정원 - 당시로선 특이한 경사로(Ramp)로서 연결되어 공간의 풍요로움과 함께 다양한 공간성 안락감을 더해 주고 있다. 그러나 우리의 경우엔 장애인을 위한 법규적 동선 이외엔 공간을 차지하고 잠식하는 것으로만 여긴다.
③ 자유로운 평면 - 정형화된 방과 규격을 벗어나서 그야말로 자유 민주적 공간을 구성한다. 콘크리

트 공법의 선물, Grid System의 구조 Module의 합리성에 평면의 칸막이 벽체는 인간적이다. 불필요할 것 같은 공간이 생겨나고 이내 필요한 공간이 된다. 자유평면에 다양한 이미지가 스며있다.

④ 연속된 창 - 내부공간에 빛의 효율을 최대치로 높이는 방법이다. '스위스 학생회관'에서는 커튼월로 발전한다. 수평 창은 조형의 현대성을 느끼게 하기도 하고 빛을 시적 실루엣으로 받아들인다.

⑤ 자유로운 입면 - 기둥과 벽이 분리되어 Facade 모두가 자유롭고 여유롭다. 비례 통일 조화 등의 기존 미학 체계를 무너뜨려 버린다. 신정신(Esprit Nouveau)의 표현을 다른 이론으로 나타낼 필요성을 느끼지 않는다.

꼬르뷔제는 그의 사상을 철저히 반영한 일련의 주택작품과 대규모의 도시계획, 새로운 주거개념을 제시한 작품과 계획안 그리고 많은 저서를 남기고 '롱샹교회', '라 뚜레뜨 수도원', '스위스 학생회관' 등 건축사에 빛나는 작품을 남겼다. 특히 노출콘크리트 방식의 독특한 Mass기법은 60년대 국내에도 풍미했던 유행의 시기가 있었고 그 유의성은 지금 현대건축 조형에 존재하고 있는 것이다.

1946년 프랑스 정부는 '마르세이유 주택단지' 설계를 꼬르뷔제에게 의뢰하며 건축법, 도시계획법, 도로법 등에 제약 없이 설계할 수 있는 특전을 부여했다. 사회적 공동규범인 법규 이전에 그의 창조성의 우월을 인정한다는 것이며 그 능력을 수용하는 행정정책과 사회적 배경의 우월함을 의미하는 것이다.

위대한 건축가 르 꼬르뷔제는 1965년 78세의 일기로 지중해 해변에서 수영도중 심장마비로 서거했다. 그러나 그의 수많은 건축적 작품들은 문화적 유산으로 보존되어 있다.

'주택은 사람을 담는 기계이다.' 라는 그의 말은 이렇게 고쳐본다. '주택은 사람을 담는 인간적인 기계이다.'

APT 건축의 조형성 - I

'의식주'가 인간의 기본 생활조건이라면 건축의 여러 장르 중에서 주거건축은 기본생활 영위를 위한 가장 필수적 건축이라 할 수 있다.

공동주택, 특히 아파트 건축은 현재, 미래 주거생활에서의 필연성으로 더욱 긴밀해졌고 그에 따른 여러 가지 형태의 문제점도 나타나고 있음을 그냥 지나칠 수 없겠다.

APT문화의 고정되고 정형화된 시각을 재고해보아야 할 것이며 생활의 여유로움, 정신적 풍요로움과 주거문화는 어떤 관련성을 가지는가를 생각해 볼 필요성도 느낀다.

파리의 공동주택 역시 문화, 공공건축물과 마찬가지로 정책의 룰을 통해서 질적 수준의 저하를 견제하며 건축문화 주거문화 정책의 관점에서 시행되고 있다는 점이 우리의 상업주의와는 차이가 있다. 우리의 아파트는 공기업인 'LH공사' 지방자치기업인 '도시개발공사'에서 건립되기도 하지만 대다수의 물량은 건설회사와 대기업에서 건설하고 있어 상업성 범주를 벗어나지 못하는 것이다.

프랑스는 PAN(Programme Architecture Nouvelle)이라는 주택건설 정책을 통해 도시, 지방을 막론하고 100호 이상의 주거단지를 건설할 때는 설계경기방식을 거치도록 의무화하고 있다. 우리도

안온한 테라스하우스 분위기의 라 느와즈레 아파트, 고층으로 인한 경직성과 폐쇄감이 없다.

라 느와즈레 아파트의 도로 측 입면, 조형을 위한 다양한 디테일로 아파트의 품위를 유지하고 있다.

공기업 시행에서는 이 제도와 별반 다르지 않다. 또한 개발업자와의 계약 시행과정에서 건축가에게 부분적 설계업무에 까지 기회를 제공, 제출안 작품집 발간 등 창조적인 아이디어 위주의 주거문화 개발에 건축가를 참여시켜 작품화에 전력을 기울이고 있다. 이러한 제도 하에서는 동일한 평면, 형태의 주거형태가 있을 수 없고, 각양각색의 다양하며 독창적이고 실험적 계획안이 창출된다는 것이 우리와는 다른 것이다. 우리는 설계자 선정 위주, 건폐율과 용적률 높이기, 상업성과 분양성의 관행을 벗어날 수가 없는 현실인 것이다.

파리의 아파트 특징은 도시만큼이나 조형적인 다양성이다. 형태의 다양성은 경직된 소유개념을 없애고 취향에 따라서 개성적으로 선호하는 주거환경과 주거형태로 쉽게 옮겨 갈 수 있을 것이다, 다양한 주거공간의 체험은 감성의 자유로움, 풍요로운 사고방식을 가져오며 국민성의 형성과도 무관치가 않을 것이다.

파리시 근교 도시에서 조형적 작품성과 실용성을 해결한 대표적 작품으로 스페인 출신 리카르도·보필의 '아브라 삭스 APT', 구 소련출신 '야노프·스키'의 '피카소 광장APT'가 잘 알려져 있다. 프랑스 건축가들의 건축적 평가에서 순위 5위를 차지한 폐루 출생 앙리 시리아니 설계의 '느와지 아프트'를 먼저 찾기로 한다.

앞서 말한 건축가들은 모두 프랑스 출생이 아닌 외국 태생이다. 르꼬르뷔제 역시 스위스 출생으로 후일 프랑스 국적을 가졌다. 창작성과 실력이 있으면 어떠한 건축가와 작품도 수용할 수 있는 문화적 토양, 공공 문화시설이 아닌 공동주거 건축에도 외국출신 건축가들이 뿌리내릴 수 있는 프랑스의 의식을 이해하기란 난해한 것이다.

'느와지 APT-II'는 파리근교 신도시 '마른·라·발레(Marne-la-vallee)' 지역에 위치하며 300세대 3개동으로 1979년 완성되고 3년후 길 건너 '느와지 APT-III'이 추가 건설되었다.

소규모 아파트지구인 '느와지'에서 느낀 특성 -
신도시 주거지역에서 흔히 보이는 삭막한 콘크리트 구조체의 비인간성에 시적 감성을 심고 적절한 스케일의 조형성, 고급스럽지 않은 재료와 기술로써 건물의 품위와 수준을 견지하는 방법, 자동차와 분리된 보행자 동선의 입체성을 느낄 수가 있다.

외부 벽면 구성은 아파트 이미지에 많은 영향을 준다. Human Scale을 갖는 장방형 Grid의 연속패턴으로 부분과 전체를 조합하며 새로운 조형언어를 창조하고 있다. 노출 콘크리트와 백색 페인트, 붉은색 타일로 극히 평이한 재료에서 작가의 조형적 의지를 분명히 표현하고 있었다.

'느와지-II'가 세심한 스케일과 디테일에 치중한 구성적 수법의 수공예품에 비한다면 '느와지-III'은 콘크리트 프리훼브가 첨가된 공업주의에 접근되지만 모두 개성적인 조형방법을 우선하는 신선한 주거 건축이라고 느껴진다.

 여기서 건축가의 실험정신과 건전한 작가정신을 배울 점은 '느와지-II'가 평가되어서 '느와지-III'의 설계가 또다시 의뢰되었을 때 똑같은 Proto-Type의 설계를 그대로 복제, 반복하지 않고 다시 새로운 제3의 형태로 설계했다는 점이다.

 건축가 앙리 시리아니는 커다란 아파트의 벽면에 자랑스럽게 그의 건축 철학을 표현하는 건축드로잉 벽화를 제작하였다. 그리스 건축 기둥 주두의 기본 타입을 주제로 드로잉 한 이 장면 앞에서 방문객들은 즐거이 감상하며 기념사진을 찍는 인기 있는 장소이다.

 건축공사 금액의 1%라는 거액으로 제작해야 하는 환경 조형작품 규정이 있다. 그러나 진정으로 가치 있고 아름다움과 멋있는 환경조형물이 그리 많아 보이지 않는다. 형식적으로 눈가림으로 치졸하게 만들어진 작품 아닌 작품들도 우리 주변에 난립해 있다. 건축을 설계한 건축가의 설계 드로잉 작품도 조형 작품으로 인정할 수 있어야 한다.

 꼬르뷰제 건축의 '스위스 학생회관' 로비 벽 기둥은 그의 드로잉스케치로 장식되어 있다. 최근 방문한 나오시마 섬 베네세하우스에는 안도 다다오의 설계도 드로잉스케치를 진열한 작은 전시관이 있었다. 다카마스 신, 구로가와, 안도다다오의 판화들은 아트페어에서도 거래되고 있다.

APT 건축의 조형성 - II

'느와지 아파트가 웅장하거나 강한 디자인 언어를 표현하기 보다는 안락한 주거환경과 세심한 스케일과 디테일에 집착한 Logos적 느낌의 건축이었다. 이번에 기행하고자 하는' 리카르도보필의 '아브라삭스 아파트'와 '야노프 · 스키'의 '피카소광장 아파트'는 강력한 조형적 특성을 강조하는 Patos적 건축으로 한때 주목 받았던 작품들이다.

이 아파트 건축들은 안락한 주거를 위한 기능과 개념을 넘어 기념비적 조형물로서의 상징성을 우위에 두고 있으며 현대 주거건축의 외적 변모에 대한 강한 변화를 예고하는 듯하다.

유럽 도시들이 그렇듯, 시가지의 고전적 도시배경에 새로이 들어서는 현대 건축은 추상성과 기계미학에 이르기까지의 첨단화 경향을 나타낸다, 파리근교의 이 아파트 단지들에서는 신고전주의를 모티브로 하여 복고주의적 경향으로의 회귀를 나타내 보인다. 특히 스페인 출신의 '리카르도 · 보필(Ricardo Bofill)'은 역사성을 바탕으로 한 지역주의(Regionalism) 경향의 건축가로 '아브라삭스 아파트'에서 그의 건축적 메시지를 강하게 표현하고 있다.

신고전주의 디테일을 적용한 아브라삭스 아파트,
원형기둥과 주두를 이미지화 하고 있다.

주거의 배치는 남향이고 입주자가 선호하는 고정화된 평면형태가 아니라 광장을 중심으로 건축가의 개념을 명확히 하고 건축물의 배경이 되는 배치와 평면이다. 다양한 프리훼브 건축공법으로 나타나는 거대한 조형 기념물에서는 실험적인 작가의 강력한 독창적 의지를 전달하며 거주의 안락감 보다는 시각의 즐거움과 체험의 감동을 우선적으로 주고 있다.

남향 배치의 틀을 벗어난다는 것은 부동산의 우선적 가치 부담과 분양성 사업성에서 비켜날 수 없는 것이 현실이다. 최근 불경기 여파에 시달리고 있는 우리의 아파트들도 개성주의와 조형주의 건축으로 차별화를 시도하고 있다.

스페인은 수도 마드리드 보다 문화 역사도시 바르셀로나가 우리들에게는 더 알려져 있다. 스페인의 브랜드로 백년이 넘도록 건설되고 있는 미완성 건축 가우디의 '성 파밀리아 성당'으로 바르셀로나는 더 잘 알려져 있는 것이다.

리카르도 보필은 스페인의 문화적 풍토가 낳은 현대 건축가이다. 그는 스페인, 이태리, 프랑스에서 국경을 초월하여 건축 활동을 하고 있다. '아브라삭스

Ricardo Bofill
아브라삭스아파트 마드리드.

아브라싼APT. 궁전동 입구 광원

아파트'는 유럽의 역사성을 신고전주의적 양식을 통하여서 현대 건축에 접목시키는 개념을 나타내고 있다.

19층의 이 아파트는 기념비적 형태와 상징성, 드라마틱한 구성적 수법을 표현하며 동별 이름에서도 '관문', '극장', '궁전'으로 칭하여 건축적 의도를 표현하고 있다.

중앙의 파란 잔디광장은 계단화 되어 야외 음악회 공연이 가능하게 계획이 되어있고 원형 광장을 둘러싸고 있는 반원모양의 극장 동은 마치 무대 위 연극 세트처럼 보인다. 130세대의 상징성이 강한 개선문 형태의 입구 '관문' 동과 400세대의 ㄷ자 형태의 '궁전' 동과는 드라마틱하게 연결되어서 중세의 마당에 들어선 기분을 준다.

배치에 따라서 입면·평면구성 각각 상이하며 경제성과 실용성을 고려하지 않은 특이한 디테일과 구조방식을 보면서 과연 분양가에 비해 경제성이 있을까 하는 우리식(?)의 우문을 갖지 않을 수가 없었다.

디자인 모티브로 나타나는 원형기둥은 그리스 신전의 고전열주를 모방하여 과장 표현하고 있다. 건

축가의 자유분방한 유희정신이 넘쳐 보이며 일조 전망 프라이버시의 조건보다도 조형적 의지가 우선일 수 있을까 하며 신기하게 바라볼 수밖에 …

피카소광장의 아파트 기단부분.
고딕건축의 버트레스 구법을 응용한 디자인이다.

우리의 정자 기능, 아니면 상징적 무대세트가 군데군데 위치하여 그리스 아크로폴리스 언덕의 아고라(Agora)와 스토아(Stoa)를 현대문명의 마당 한가운데에 연출한 것이 아닐까? 이 아파트에는 연극 같은 삶이 있을 수 있겠고, 햄릿의 고독이 느껴질 수 있는 공간 마당인 것 같다.

멀리 차창에서 나타나는 농장의 거대한 사일로 같은 독특한 모양에 카메라 셔터를 눌러 댔다.
가까이 다가 갈수록 상부는 커다란 술통 같기도 하고 하부는 염소 뒷다리 같은 형태로 다가온다.
- 아파트 단지 이름이 왜 피카소 광장인가?
- 소련출신 건축가가 어떻게 여기에 이렇게 멋대로의(?) 건축을 할 수 있는가?
건축가 '누에즈·야노프스키'는 구 소련 출생, 스페인 국적에다 영화감독 연출가 무대디자이너 전력

원통형의 상부가 아파트의 메인 매스이다.
자유분방한 건축가의 사고를 볼 수 있다.

을 갖고 있고 현재 스페인과 프랑스에서 건축 활동을 하고 있다. 피카소를 기념하는 장소에 아파트를 세웠는지, 아파트 단지를 만들며 피카소 이름을 붙였는지 알 수는 없었다. 특이한 형태의 건축 조형물에서 피카소의 고향 스페인의 이미지를 담고 조형화 하고자 하는 결과일 것이다.

상부 원통부분은 돈키호테에 등장하는 라만차의 풍차 같기도 하고, 하부 열주 부분은 노트르담 성당의 고딕양식인 버트레스 구조를 표현했을 것이다.

프랑스 정부는 거창한 문화사업 형식이 아니라 그들의 전통적 건축문화인 고딕양식, 예술가 피카소를 기념하는 조형방법으로써 아파트건립을 선택하고 건축가 야노프스키에게 창조적인 건축 문화를 위임했다고 추측해본다.

루브르 궁의 피라미드

파리 루브르 궁(Louvre Palais)은 찬란한 역사를 연상케 하는 궁전의 상징성 보다는 다빈치의 '모나리자'가 있고 밀레의 '만종' 등 유수한 인상파 화가들의 명작을 고스란히 담고 있는 세계 3대 미술관의 하나이다. 세계 관광객들의 발걸음과 예술가들의 순례가 이어지는 문화의 보고로서 더욱 중요한 기능과 문화적 장소로 남아있다.

센 강 북안에 위치한 '루브르 궁'은 프랑스의 왕정시대 시민 혁명의 영욕이 점철된 역사적 외형을 유지한 채, 현대 박물관의 기능을 지니고 있다. 개조(Renovation)와 증축(Extension)의 과정을 거쳐 고전과 현대가 공존하며 프랑스의 문화 역사의 심장으로 숨 쉬는 건축이다.

루브르 궁은 천2백년경 필립2세 때 최초로 건립되어서 1546년부터 루이 13세 때까지 4명의 건축가(르메르시, 레스꼬, 페로, 큐숑)에 의해 지금처럼 중정을 둘러싸는 르네상스 양식으로 완성되었다. 1793년 왕정 몰락과 함께 미술관으로 기능 전환이 되고, 나폴레옹시대에 현재와 같은 박물관의 면모를 갖게 되었다.

8백여 미터에 이르는 궁궐 건축과 20여만 점 작품을 보존하고 있는 세계최대 박물관 면모에 따르는 기능성의 문제점을 해결하기 위한 건축의 대역사가 시작된다. 1981년 대통령 Big Project 사업의 일환으로 '대 루브르 계획(Le project du Grand Louvre)'이 시작되어 1989년에 완결되었다.

이 과정에서 문화대국을 자처하는 자국의 문화유산을 담는 건축 프로젝트에 중국 출생 건축가 I.M.PEI(Ieoh-ming Pei) 설계안이 채택되자 파리시민의 반대와 함께 세계 건축계의 이목을 집중시키기도 했다. 역사 건축물의 보존과 개발이라는 과정에서 건축가의 독창적인 계획안은 실행과정에서 어려운 시련과 많은 이슈를 낳기도 한다.

루브르 박물관의 피라미드는 지하공간으로의 진입과 빛을 제공하는 상징적 조형물이다.

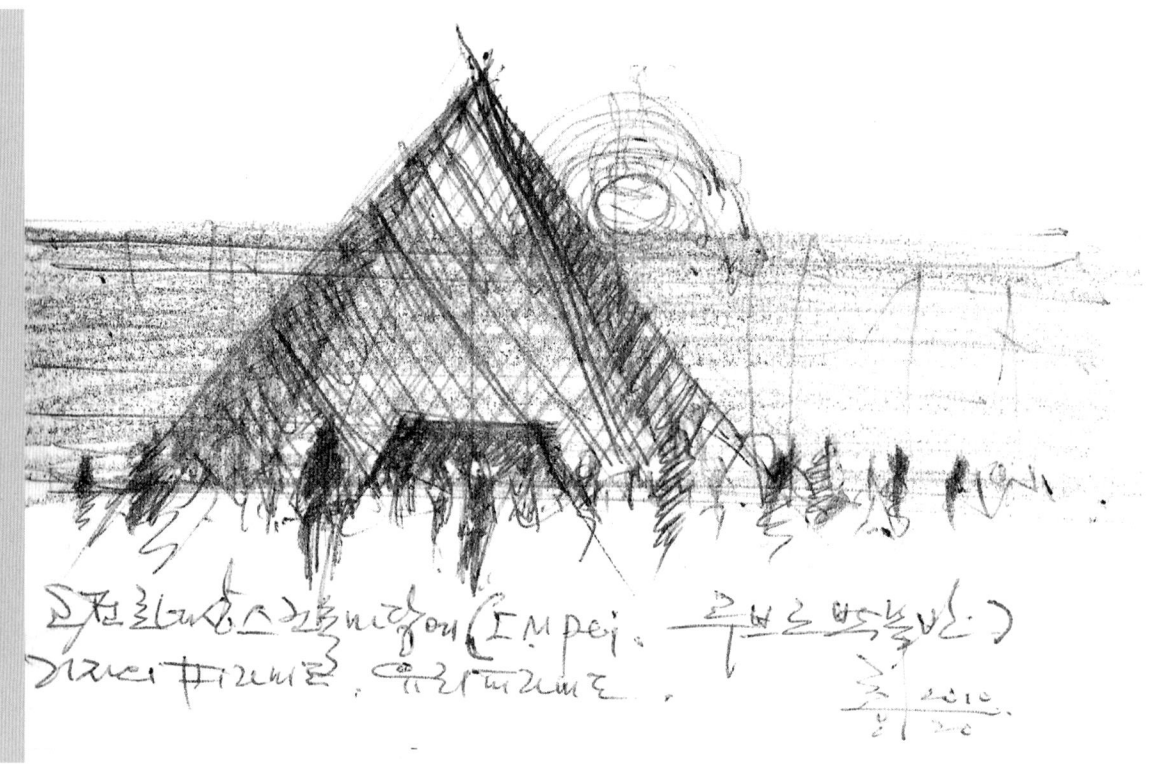

    그는 지상에서의 증축을 배제하고 50,000㎡ 면적의 기능을 지하2개 층으로 계획하여 지상에는 출입구를 암시하는 35m 정방형 높이 20m의 유리피라미드만을 설계한다. 이 유리 피라미드는 이집트 기자 피라미드와 동일한 크기의 51도 경사로써 인류 원초적 문명을 암시한다. 투명유리를 사용, 장중한 르네상스 역사의 한가운데에 투명한 하이테크 기하형태로서 극히 절제하여 최소한의 건축을 세웠다.

    무겁고도 장중한 르네상스 석조건물 마당의 투명유리 피라미드는 시각적으로 기존 고전건축을 손상시키지 않는 것이다. 중국 출신의 건축가는 노자 사상의 '비어있음'을 생각하고 서양 유물적 문명을 동양의 관조적 시각으로 바라 본 것이다.

초기 공청회에서 이집트 피라미드를 도용한(?) 예리한 삼각 형태에 대한 거부감, 기존 고전형태와의 부조화에 대한 시민들의 거부를 설득하기 위해서 실물 크기의 모델을 제작하여 공개토론으로써 찬성을 유도하였다. 그리고 특수유리 제작문제로 프랑스 시공 팀의 불가 판정을 이웃 나라와 기술협력 시공으로 완성했다.

르네상스 건축의 스테이지위에 하이테크 주인공은 시시각각 저녁노을로 오색 빛을 발하는 프리즘이 되기도 한다. 해가 넘어가면 지하내부의 빛을 내뿜는 발광체가 되고 생명의 피라미드가 되어 꿈틀거리는 생명체로 느껴지기도 한다.

서측으로 축선 상에 위치한 콩코드 광장 23M높이의 오벨리스크가 정복시대의 유산물이라면 유리 피라미드는 미래 문명의 정복을 암시하고 있는지도 모른다.

파리의 대 루브르 궁 같은 당당하고 자랑스러운 역사적 문화공간이 없음은 5천년 장구한 세월에 비해서는 우울한 역사이다.

하이테크 건축 - 퐁피두센터

1889년 평온한 파리 시가지에 에펠탑이 우뚝 솟았을 때 어느 문인은 그 괴물이 보기 싫어 에펠탑이 보이지 않는 전망대에 올라가 점심식사를 했다고 한다.

공사 중인 가설건물처럼 보이는 퐁피두센터는 하이테크 건축과 해체건축의 새로운 건축 미학을 내보였다.

1977년 또 하나의 괴물(?)이 파리의 중심지역 보부르(Beauborg)에 탄생했다. '퐁피두 센터(Gorges Ponpidou Cultural Center)'. 그것은 고딕, 르네상스, 신고전, 근대건축으로 이어지는 파리 도시 맥락에 비하면 반항적이고 도전적 형상으로 '하이테크(High-Tech)건축' 이라는 시대적 이름을 갖고 태어났다. 1971년 국제 현상설계에서 681건의 응모작 가운데 30대의 젊은 건축가, 이탈리아 출신의 '렌쪼 피아노(Renzo Piano)' 와 영국의 ' 리차드 로저스(Richard Rogers)' 의 공동작품이 당선되었다.

공학적 조립 성을 바탕으로 기계미학을 추구한 획기적인 설계안이 채택되리라고는 기대치 않던 그들은 '아키그램' 운동의 이상을 실현시키는 계기로 생각했던 것이 10명의 국제적 심사위원들로부터 호평을 받았다.

파리 중심지역의 역사적 기존 도시 이미지와 환경에 병치되고, 도시적 맥락에 단절감과 불안정감을 나타내는 기계조립품(?)의 건축은 공해라는 반대여론과 유적지 보호위원회의 제소, 야당의 건설계획 취소요구로 결국 행정재판까지 거치는 어려움을 겪으며 6년 동안 건축이 추진되었다.
당시 도시적 공해라는 낙인에도 불구하고 완성된 후 지금은 연일 3만여 명 이상이 모여드는 문화·예술 공간이 되었다. 루브르 미술관이 고전적이고 정통적 예술 공간이라면 이곳은 청바지와 햄버거 가게가 즐비한 젊음과 대중적인 문화센터로서 '보부르' 라는 지역이름이 더욱 유명해져 곧 이 센터를 칭하는 이름이 되고 있다.

퐁피두 센터는 오랜 주차장 부지에 세워진 6층 규모, 길이 166m, 폭 60m의 크기이며, 내부 공간의 가변성으로 전시·공연·이벤트를 다양하게 수용할 수 있다. 또한, 국립미술센터·정보도서실·디자인자료센터와 집회·영상·회의·휴게·판매 기능을 갖고 있으며, 각종 문화·예술행사가 연중 다양하게 기획되고 있다.

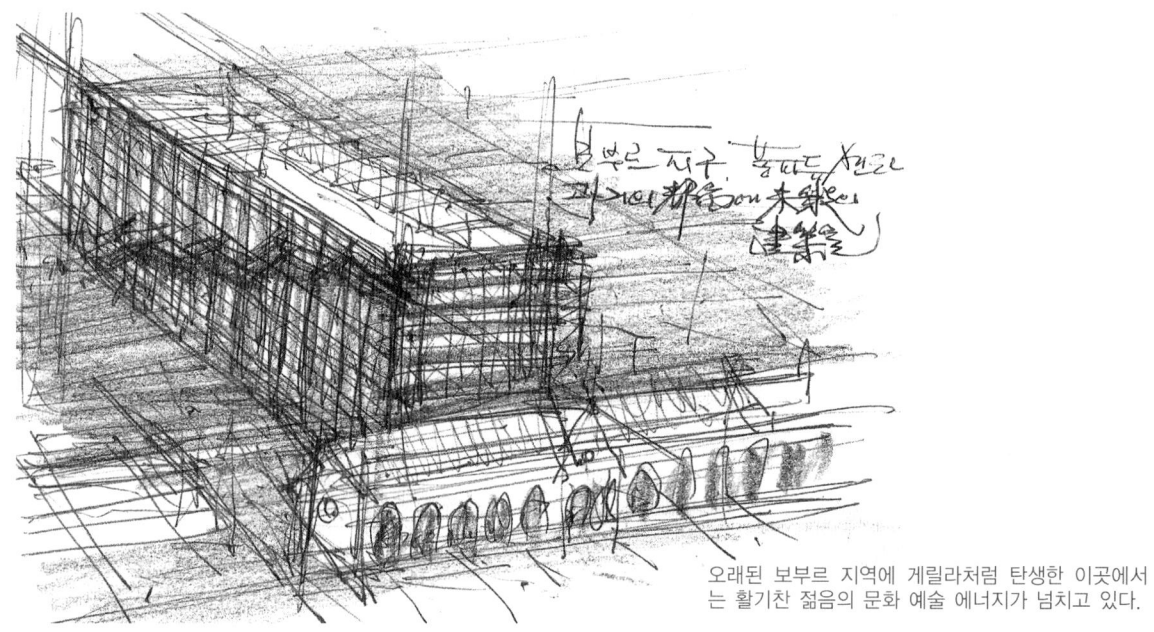

오래된 보부르 지역에 게릴라처럼 탄생한 이곳에서는 활기찬 젊음의 문화 예술 에너지가 넘치고 있다.

우리나라 예술가들도 이곳 기획 전시에 초대됐다는 경력만으로도 국내 명성(?)에 영향을 끼친다고 한다.

광장하부, 지하공간을 활용하여 '음향연구소(IRCAM)'에 천창의 계획으로 밝고 쾌적한 연구소가 포함되어있어 화강석으로 잘 지어진 문화회관에만 익숙해온 우리들에게 이 건물이 문화라는 제품을 생산하는 문화공장이라는 느낌과 예술을 쉽게 접하는 예술시장이라는 친근성을 동시에 경험할 수 있었다.

모든 구조체와 벽체, 바닥은 철제트러스·와이어·유리·철판으로 조립되어 외장에 그대로 나타난다. 마치 공사가 진행 중인 건물의 가설 설치물로도 보이고, 행사가 끝나면 철거해 버릴 것 같은 임시건물로도 보인다.

외부로 과감히 노출된 설비 덕트는 원색으로 포장되어 디자인 악센트로 강조되고, 전 층에 노출된 튜브형의 에스컬레이터는 광장과 시가지를 조망하며 상승하는 재미를 제공하기도 한다.

'퐁피두 센터' 이후 1980년대부터 건축 조류는 전통적 고전 미학개념에서 탈피하여 정밀공법, 기계적 표현재료 및 개념, 기계미학을 중시하는 '하이테크' 시대로 접어든다고 볼 수 있겠다.

그것은 컴퓨터가 개인생활에 친밀해지고, 시적 감성보다 기계적인 합리성에 가까워지는 첨단 공학 시대의 필연적 현상과도 같은 맥락이다.

당시에는 '리차드 로저스', '렌쪼 피아노' 그리고 '노만 포스터', '제임스 스털팅' 계열의 건축가가 기술 건축의 뿌리를 내렸고 국내에서는 고 김수근 선생의 '올림픽 체조경기장'이 국제 하이테크 건축상인 '쿼나트리오 88' 금상을 수상하는 시기였다.

주말, 퐁피두 앞의 광장에는 어설픈 마술사가 있고 집시 바이얼니스트가 등장하고 아마추어 개그맨을 둘러싼 관중들은 즐거이 그들의 여행비용이 될 동전을 던진다.

전시장에선 여러 기획전시가 열리고 전쟁 사진전과 '알바 알토' 건축 전시회가 열리고 있었다. 남성 출입이 금지되는 '여성 미술전'이라는 희한한 전시도 있었다. 한 켠의 세미나장에서는 열띤 공개 토론이 이루어지고 있었다. 상부층 도서실에는 야경의 시가지를 내려다보며 밤늦도록 책에 몰두하는 젊음이 가득하고 1층 아트숍에는 예술·디자인서적·명화 포스터가 즐비한 탐나는 문화수퍼마켓이 있어서 발걸음을 벗어날 수 없다.

21세기 환상공원 - 라빌레뜨

세계적인 대도시는 도시 스케일과 이미지에 걸맞은 공원을 가지고 있다.

추억의 영화 러브 스토리에서는 눈 덮인 뉴욕의 센트럴 파크를 기억 할 것이고, 비틀즈에서부터 최근의 파바로티에 이르기까지 대형 콘서트로 기억되는 런던의 하이드 파크가 떠오른다.

도시 공원은 연인들의 낭만의 장소이기도 하지만 문화적 이벤트가 이루어지고, 정치적으로는 역사의 현장이 되는 시대도 있었다.
근래에는 인구와 도시의 팽창으로 거대한 녹지공원을 갖기가 어려워졌고, 행정적 차원의 재개발, 혹은 강력한 정책적인 의지가 없이는 효율적인 도시공간을 계획하기 어려워졌다. '라 빌레뜨 공원(La parc dela Villitte)'은 1990년에 완공된 새로운 개념의 도시공원이다.

파리시 동북부 외곽지역 라 빌레뜨는 오랫동안 대규모의 도살장, 가축시장, 정육시장이 있었던 슬럼지역이었지만 지금은 프랑스가 우선적으로 자랑하는 21세기적 문화공원지역으로 재개발되어 10여 년간의 건설로 단계별로 완성하였다. 125에이커, 길이 1km에 이르는 부지에 1982년 미테랑 정부는 국가적 빅 프로젝트의 일환으로 '21세기 공원'의 이미지를 주제로 국제 현상설계를 실시했다.

과거 가축시장 자리에 계획한 라 빌레뜨 공원,
길게 이어지는 붉은색의 회랑은 환상적인 분위기를 자아낸다.

　남측입구에 오페라 하우스·음악예술학교·악기박물관·음악 연구소가 포함되는「음악 도시」프로젝트에 건축가 폭잠박(Portzampare)의 작품이 당선되어 건설되었고, 북측입구에는 프랑스 첨단 과학이 전시되는 '산업과학 박물관'이 휀실베르(Fainsilber)의 설계로 완성 되었다. 기존 가축 도살장 건물의 구조를 활용하면서도 첨단 과학 이미지의 건축물이 재창조되었다.

　전체 공원의 중앙부분, 기존의 정육시장인 건물도 역시 아름다운 철골구조가 그대로 사용되면서 내부 공간을 개조 설계했다. 영화관, 오페라관, 전시장, 회의실, 휴게실 등 문화시설인 그랜드 홀은 라이헨 로베르에 의해 1985년 우선적으로 완성됐다.

　늦게 시행된 제니스의 동측 작업은 6천석의 대형 다목적시설로 록 콘서트, 쇼, 권투경기, 국제회의까지 전용과 변형이 가능한 문화 체육장이 위치해 있다.

철저히 문화·예술지향적인 프랑스의 행정당국이 헤아릴 수 없이 많은 기존의 문화시설에 또다시 단일지역인 이곳 라 빌레뜨에 집중적으로 문화시설을 건립할 필요성이 있는가 하는 의문이 생기기도 한다.

우리의 얼마 남지 않은 도시안의 여유 공지를 고층아파트 지구로 채워버리는 도시계획은 지양되어야 하겠고, 시민 문화공원에 과감히 투자함이 가장 부가가치가 높다는 것을 '라 빌레뜨'와 비교하여서 새롭게 인식할 필요를 느낀다.

「퐁피두센터」가 하이테크 건축의 시작이라면 스위스 태생인 베르나르츄미(B.Tschumi)가 설계한 '라 빌레뜨공원'의 설계개념은 해체주의(Deconstructivism) 건축의 도입이라 하겠다. 명확한 개념적 다이어그램을 적용한 배치 구성 원리와 건축적 수법을 이해하지 않고 시설물을 상면한다면 건축가의 남발된 유희적 조형 실험장으로 치부 될 수도 있겠다.

일상적인 공원 - 잔디·연못·동물원·놀이기구·벤치 등 평면적이고 조경적인 고전성을 이탈하고 있다. 몬드리안의 화폭에서 나타나는 듯한 선과 면의 구성에 점(Point)을 부가하여 조형시설물(폴리), 동선(콜로네이드), 면적(휴게 공간)으로 구체화된다.

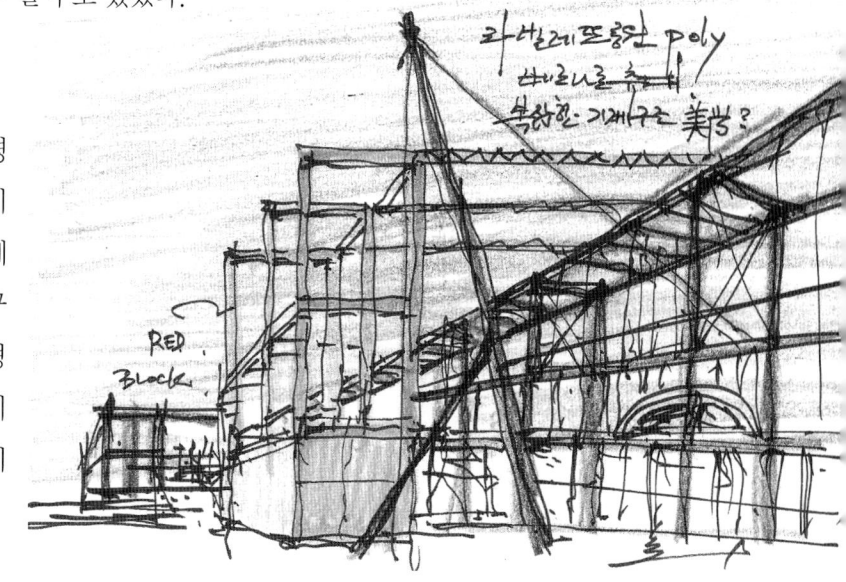

공원의 120M 그리드 지점에 위치하는 폴리(POLY)는 지원시설과 레스토랑, 소방서 등의 기능으로 해체주의 건축의 출발이다.

전체 부지를 120미터 그리드 선으로 계획, 교차지점에 폴리라고 지칭되는 작은 건물이 위치한다. 안내소·관리 사무소·레스토랑·바·의료실 등 각각의 기능을 가지되 의도된 조형성의 표현이 우선적이며, 실의 면적보다 과다한 헛기둥·벽면·계단들이 비어 있거나 기울어져 있고, 걸쳐 있음으로써 입체구성적인 3차원 조형물로 표현된다.

20세기 초반에 잠깐 태동했다가 시베리아에서 사라진 러시아 구성주의(Constructive)가 또다시 21세기 파리의 공원에 부활하고 있다는 것은 '순환(circulation)의 역사적인 원리'와 '다원화(pluralism) 사회적 현상'인지는 알 수 없지만 건축구성을 해체(?)한다는 다소 모순된 건축용어로서의 해체주의는 한때 우리의 땅에서도 기울기와 어긋남을 내 보였고 정형화를 구태의연으로 느낀 것도 사실이다.
공원의 거의 모든 폴리(조형 시설물)들은 경계색, 위험색인 붉은 에나멜로써 철판구조를 도장하면서 소방서 전망대와 흡사하다.

물레방아 바퀴를 표현한 폴리가 왜 의료시설 건물인지는 유추하려 들지 말아야 덜 피곤하겠다.
동과 서를 가로지르는 작은 개울(운하)은 기존도시와 연계되어 도시축(Urban Axis)을 이루고 있으며, 서로 직교하는 콜로네이드(연결회랑)는 대지축(Site Axis)의 줄거리를 구성하며 1km의 남북 시설기능을 상호 연결시키는 동선이다.
콜로네이드 역시 기울어진 철제 기둥의 와이어에 의해 매달리거나 비켜져 걸려진 서스펜션 구조이며 적당한 피아노 곡선으로 전체적인 파도를 형성, 지루함과 경직함을 완화시킨다.

원형, 삼각형, 직선형의 군집된 수목 구성으로 휴식 공간들은 시설물과 분리된다. 방문 시에는 채 완성되지 않은 외부 조경에서 테니스장, 수영장, 스케이트장, 조깅코스를 발견할 수 없었지만 전체부지의 바둑판에 잘 조화되고 치밀한 포석임을 윤곽이나마 발견할 수 있었다.

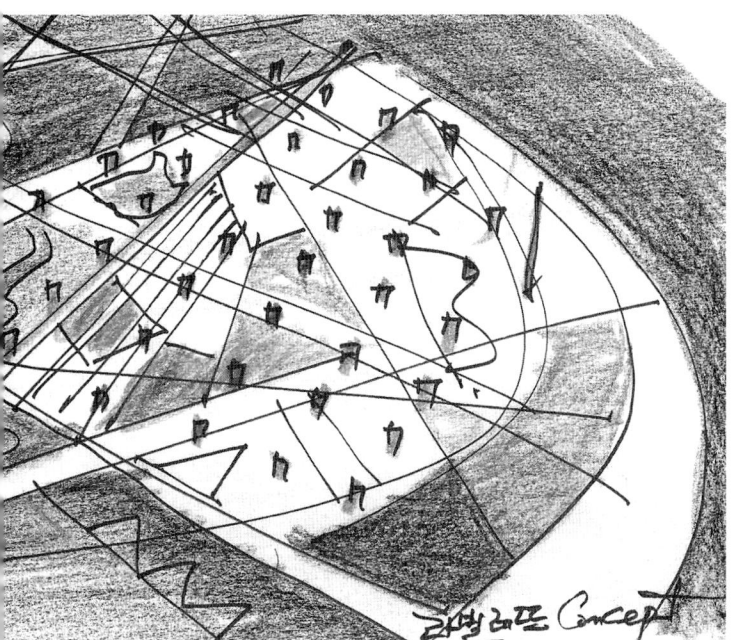 

공원의 컨셉을 보여주는 배치　　　　　　　　　　　회랑과 폴리의 붉은 그림자는 운하 물길에 드라마틱하게 반영되고 있다.

　어두워지면서 저녁 안개는 굵은 겨울비가 되어 바닥은 붉은 빛으로 번들거리고 지구를 상징하는 박물관 유리벽 앞 지오드에서 반사되는 조명의 신비함은 적막한 21세기 도시의 금속성 조명 아래 한참을 서성이게 한다.
　콜로네이드 네온불빛 아래로 키 큰 연인들의 그림자는 끝없는 미로로 향하고 여행자는 이국의 간이역에 서 있는 느낌이다.

　잠깐 외계와 조우하는 〈스필버그〉감독의 스크린이 오버랩 되기도 하는 환상적인 공원이다.

카메라의 눈 -
아랍세계연구소

　한강의 여의도와 입지적으로 유사성을 갖고 있는 파리 센 강 가운데의 시테 섬에는 고전건축의 정수인 '노트르담성당(NotreDame Cathedral)'이 있다. 이곳은 파리 도시가 탄생하게 되는 기원적인 발상지가 된다. 외침의 방어 면에서 유리한 센 강으로 둘러싸인 천연요새 시테 섬을 중심으로 오늘날 대도시로 확산되었다는 기록이다. '안소니 퀸'의 꼽추로 연상되는 노트르담성당, 웅장한 고딕 건축양식과 장엄한 스테인드 글라스의 성스러운 빛, 신을 추앙하고자하는 인간의 앙망심이 곧 불멸의 고전건축들을 탄생케 한 것이다.
　지구상의 문화유산들은 종교사와 건축사의 흐름과 궤도를 같이하고 있는 것이다.

　시테 섬을 벗어나 남쪽 강변도로를 따라서 상류 쪽으로 걷다보면 석양의 역광 속에 유난히 빛나는 유선형의 금속성 건물이 눈길을 끈다. 파리 시내가 거의 일률적인 높이의 만사드 경사 지붕인 낭만적 스카이라인인데 비해 유별나게 드러나는 금속성 건물, 그것은 정박 중인 잠수함 같기도 하고, 군사기지 시설물 같기도 하여 여행자의 호기심을 유발시킨다.
　'아랍세계연구소(Institut de Monde Arabe)' 20여 개국 아랍연합 국가들이 공동 설립하여 그들의 문화·예술·과학·역사를 홍보, 전달하며 프랑스 문화와의 교류 및 정보를 교환하는 문화원 기능의 시설이다.

아랑새 예 연구소.

입면 창은 외부 빛의 강약에 따라 자동 조절되는 조리개의 원리로 제작되었고 디자인은 아라베스크 문양의 응용이다.

이 건물은 1987년에 완성된 2,500㎡ 규모로서 도서실·문명 박물관·미술관·전시장·정보센터·서점·극장·회의실·휴게실 기능을 하며 아랍 전통적 문화를 담는 목적을 갖고 있다.

설계자 '장 누벨(Jean Novel)'은 10여 년의 설계 경력만으로 1981년 현상설계에 당선되었고, 이후 대형 프로젝트 설계경기에서 입상의 경력으로 세계적 건축가로 부상되었다. 우리나라에서는 한강 노들섬 오페라하우스에 당선된 적이 있었으나 이후 무산되었다.

파리의 대형 프로젝트들을 기행 해 보면 도시의 고전과 현대를 연결시키는 역사적인 자리매김에 건축가와 건축물의 영향력을 확인할 수 있다.

오늘날 우리가 산업시대의 역사적 기념비인 에펠탑에 오르는 덜컹거리는 불안한 승강기 속에서도 일백년 전의 구조기술과 건축기술자 '구스타프 에펠'의 시대적 모험(?)을 존경하듯이 일백 년 후쯤엔 이미 기능이 상실된 철구조물인 '퐁피두 센터'의 느린 에스컬레이터 안에서도 그러한 생각을 할지도 모르겠다.

아랍세계연구소는 도시의 배경과 환경에의 융화와 조화를 전제한 노력이 조형적 형태와 배치적 기법에서 알 수 있으며 기존의 생제르맹 가로의 오래된 질서를, 그리고 인접한 파리7대학의 박스(BOX)형태의 배치 질서를 그대로 닮고 있다.

금속성의 알루미늄, 스테인리스, 재료, 유리, 철 파이프를 소재로 하면서도 전체적인 인상은 안정된 비례감, 거대 매스(Mass)의 완화, 정교한 디테일(Detail)을 나타내고 있다. 조립성 건축공법과 차가운 표피재료만 제한다면 그 자리에 오랫동안 있어왔고 도시에서 기득권을 확보하고 있는 듯, 순응하는 자세로 존재하고 있다.

전체건물은 두 개의 매스로서 분리, 조합된 형태이며 양면성을 갖고 있다. 강변 쪽의 유선형 매스는 속도감, 경쾌함, 수평성, 예리함의 감성적 표정을 갖고 있고, 주 출구가 있는 북측 정면은 엄격함, 장중함, 무표정으로 아라베스크문양과 페르시아 융단에서 보아온 듯한 사방연속 패턴으로 아랍적, 아라비안적 이미지를 보여주는 듯하다.

두 매스의 틈은 반달형의 예리함과 사각형을 대비시키며 흥미와 변화를 표현하는 유일한 악센트로서 이와 연결된 내부의 광정(court)은 공간의 핵으로서 극대화를 이루도록 설계되어 있다. 건물의 상징적 명칭(Image Name)을 '카메라의 눈'이라 붙여본다.

정면에 엄격한 Module로 구성된 정사각형 틀의 입면은 242개의 스텐인레스 유니트(Unit) 속에 또 다시 2천7백개의 크고 작은 조리개의 원리로 구성된 커튼월로 구성되었다. 조리개의 형상은 단순한 장식이 아니라 도서실 내부의 빛을 조절하는 과학적인 차광장치로서 조도를 자동조절하며, 내부공간은 변화하는 아라베스크문양의 조형적 벽면을 구성하는 값비싼 금속성 커튼인 셈이다.

언젠가 서울에서 있었던 '프랑스 건축전'에서 조리개 원리의 부속기계(?)가 실물 모델로 전시됐을 때 건축 작품에 정밀과학기술을 접목시키려는 건축가의 적극성과 기발한 아이디어에 놀랐다. 그것보다는 건축 디테일을 위한 공사비의 무한한 투자성을 보고는 평당 공사비를 우선적으로 셈하는 우리의 건축문화풍토와는 비교가 되지 않는다는 것에 참담함을 느낀 적이 있었다.

아라비안들은 무진장인 기름 판매대금으로 수천 년 동안 폐쇄된 그들 문명과 문화를 소개하고 선진국의 앞선 정보와 문화를 섭렵하는 데에 투자하는 것이 아깝지 않을 것이고 세계 첨단문화와 기술을 쫓아서 조리개의 눈을 맞추고 있는지도 모른다.

철저한 그리드 패턴의 디자인 요소로써 광장의 바닥에서부터 건물의 입면 내부 평면에 이르기까지 일체화 시킨 '장 누벨'의 건축적 수법에서 건축가의 강렬한 컨셉을 읽을 수가 있었다.
철옹성같이 폐쇄되어 보이고 덩치에 비해 유난히 좁은 주현관은 영접하고 개방시키는 우리의 문화시설과는 다르다.
아니나 다를까. 무장경비원의 출입패스 검열에 출입을 거절당했다. 세계정세의 암울함 앞에서 건축물은 테러의 표적일 수밖에 없는 것이다.
국외자의 침입이 두려운 문화원, 거창하게 내세우는 문화교류, 세계평화 슬로건도 극히 일부의 이데올로기 병자들 앞에선 치외법권의 성역이 되지 못하고 만다. 그저 광장마당을 서성이며, 달팽이가 움츠러들듯 건물창문의 수많은 카메라 눈이 움츠려 드는지 호기심으로 지켜볼 뿐이다.

INSTITUT de MONDE ARABE

세느 강변에 위치한 건물은 파리 7대학의 그리드 배치와 강변 곡선 사이의 질서에 순응하고 있다.

건축가의 오케스트라 '산업과학박물관'

'건축가는 곧 오케스트라의 지휘자이다.'

숱한 예찬론 중에서 건축가의 작업을 돋보이게 하는 근사한 경구라 생각한다.

그래서 설계실 제도판 앞에 붙여놓고는 화려한 건축 콘덕트(Conduct)가 되기를 막연하게 열망하는 건축학도를 꿈꾸던 시절이 한 번쯤 있었으리라.

실전에 접어들고서는 부딪히고 깨어지면서 '번스타인'이나 '주빈·메타' 같은 화려한 몸짓도 아니요, 스포트라이트는커녕 일개 건물의 건설 유급 기술자 이상의 인식도 탈피하기가 벅찬 것이 우리의 현실이다. 어느새 무대의 지휘석이 아닌 일반 청중의 틈에 앉아있는 자신들의 모습에 연민을 느끼기도 할 것이다.

그러나 건축 행위의 본질을 들여다보면 종합적인 창작 행위임이 명약관화하며 사회문화적 환경과 산업 기술적 배경이 전문분야에 의한 총체적인 통합작업을 건축 집단이나 건축가에게 요구하고 있는 것이 사실이다. 더구나 행정력에 의해 기획 추진되는 공공건축물 또는 도시 계획적 차원의 재개발 및 장기적인 대형 프로젝트일수록 실로 다양하게 편성되는 오케스트라 집단을 리드하는 치밀하면서도 조직적인 지휘력을 필요로 하게 되는 것이다.

오픈스페이스를 오르는 에스컬레이터는 미래 과학세계로 들어가는 상상을 불러 일으킨다.

리드해야 할 편성파트로서는 신뢰성을 바탕으로 지휘해야하는 건축주(Progect owner)가 우선이고, 전문적 관련분야인 건축설계팀·기계설계팀·전기·방송·통신·무대·시설·조명·음향·토목·조경·인테리어·추진자문위원·시공기술팀 등의 컨설턴트(consultant) 및 엔지니어, 기획파트로 무한편성의 대형 오케스트라가 구성되기도 한다.

우리의 자랑스러운 정명훈이 실지 지휘·감독을 맡고 있는 최대 규모의 '바스티유 음악당'을 포함하여 파리 미래도시에로의 축을 상징하는 '라·데팡스'에서는 건축가 '스프렉 컬션'의 지휘와 함께 현대조각가 '피에르·뷰피'의 협연도 돋보이는 것이다.
문화슈퍼마켓 퐁피두 센터의 리차드 로저스의 하이테크 지휘법은 구조계획가 '라이스'의 협연이 없었다면 아마 퐁피두 교향곡은 음색이 다른 변주곡으로 연주되었을 지도 모를 일이다.

환상공원 북측 입구에 위치한 길이 250미터, 폭 120미터 규모의 과거 도살장의 구조를 일부개조하며 재건축했다.

연면적 9만5천평방미터나 되는 순수과학전시관으로 세계 최대의 구조물이며 공원 내 시설 중 우선적으로 1986년에 개관했다. 건축가 아드리안 훼실베르(Adrien Fainsilber)는 가장 독창적이고 합목적적 건축설계자로 평가되어 87년 프랑스건축 대상을 수상했다.

4만평방미터나 되는 대형 상설 전시공간의 개방감·통합적인 전시기획 구성 등 그들의 산업과학에는 경의를 표하고 싶을 정도이며, 새로운 학습욕구와 장래의 교육적 측면까지 고려하여 흥미와 함께 프랑스의 첨단과학, 미래의 산업을 보여주고 있다.

과학박물관 내부 공간은 오픈되고 확장되어 과학 안에서 인간은 미세하게만 느껴진다.

전시 테마는 지상에서 우주까지, 생활과학 탐구, 언어와 전달, 물질과 인간작업 등 다분히 추상적인 분위기를 풍기며 플라네타륨·인벤트리움·뤼미에르 영상실 등은 3차원적인 공간감을 표현하고 있고 유전공학 및 미래의 꿈을 제공 한다.

컨벤션센터에서는 국제 과학자대회가 열리고 과학클럽에서는 아마추어 회원들에게 활동기회를 제공하며, 그들의 포도주 산업을 미니어처와 함께 기막히게 세계에 알리고 있다.

기념품 코너의 액세서리, 장난감, 학용품까지 과학원리가 응용되어 미래의 꿈나무들에게 생활과학을 일깨워주고 있다.

엄청난 트러스의 크기(65M span)도 과학 건축의 결과이겠지만 천정에 설치된 탑-라이트(Top-Light)는 태양빛

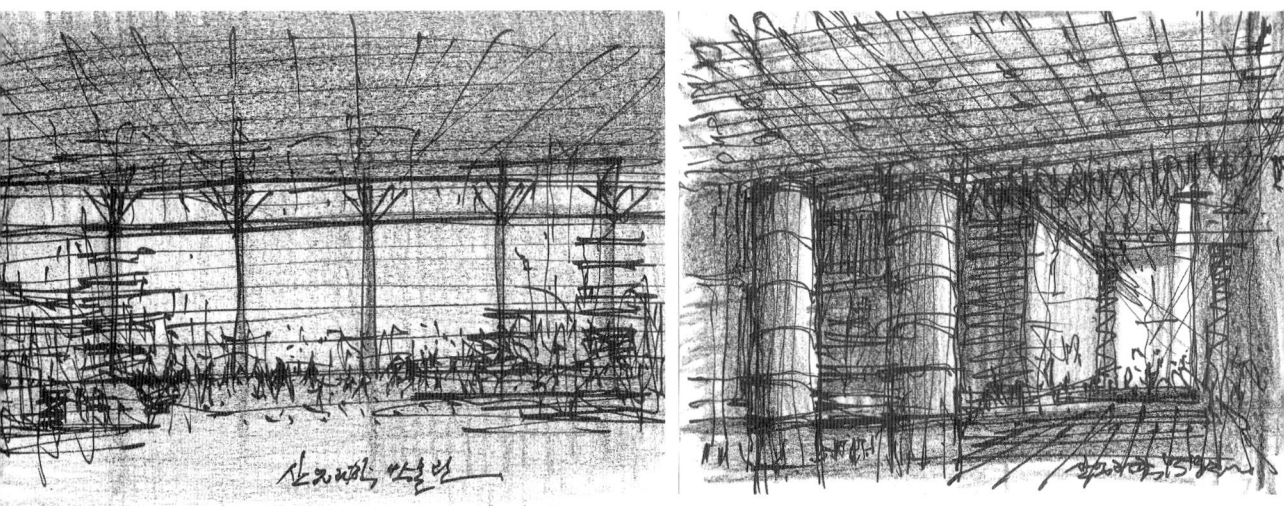

과거 도살장 건물 구조를 이용하여 메가스트럭처 박물관 공간으로 전환하였다.

을 따라 선회하며 내부 빛을 조절하는 과학 발명품(?)이다. 건물 전체를 관통하는 대형유리 커튼월은 프레임 없이 얇은 와이어로만 연결되어 풍력, 압축, 인장력과 하중이 결합된 첨단 과학 공학의 표현으로 실내에 태양 에너지 시스템과 연결되어 있다.

　내용물을 전시하기 위한 표피로서의 건축시설이 아니라 건물자체의 각 요소, 디테일, 구조부분이 과학 기술력과 건축 디자인의 결합으로 이루어져 건축물 자체만으로도 시대적 전시품의 가치를 지닌다고 본다.

　실내의 구조 트러스, 현란한 조명 디자인, 그대로 노출하며 조형요소를 갖는 설비 전기 시설물, 입체 그래픽, 오브제, 이 모두가 건축적 질서 아래 앙상블을 이루며, 휴게 벤치와 쓰레기통, 재떨이까지도 통합된 디자인이고 보면 지휘자 휀실베르의 악보는 꽤나 분량이 많아질 수밖에 없을 것이다.

지하의 도시 공간 - 레알광장

인간이 상상하고 생각하는 모든 것은 반드시 실현되어진다는 것이 과학문명이라 한다.

지금의 공상과학 이야기는 곧 우리들의 미래 모습일 수밖에 없을 것이다.

레알 지하 상업공간
입구의 곡선 디자인 천정

미래학자들은 21세기를 전환점으로 인류과학문명의 전환을 예고하기도 한다.

과학소설의 상상도인 건축·도시의 형태도 점차 21세기의 영역에 진입하고 있어 수백 층의 피라미드형 도시, 캡슐조립식 초고층 아파트, 폐광을 이용한 지하 수백 미터에서의 생활공간이 개발되고 있으며, 지금은 달나라에서의 주거공간이 설계되고 있는 시대이다.

산업혁명 이후 도시 계획가들은 인구의 도시유입에 따른 도시의 질서를 정비하는 차원에서 전원도시와 선상도시, 환상도시 등 평면적 배치로서의 주거, 공업시설, 교통지구의 분리 및 조화를 우선하였고, 30년대 '꼬르뷔제'는 개별적인 건축물의 독립성에 머물지 않고 건축물의 고층화, 규격화 및 지상공간의 녹지·보행·교통으로 남겨놓는 근대도시형을 제안하며 도시 건축물의 고층화를 주장했다. 그리고 50년대 이후 도시의 초거대도시(Mega-Police)화에 따라서 유럽의 젊고 진취적인 건축가들과 사회학자들은 미래의 도시와 예측되는 미래생활방식을 적극 해결하기 위한 상상 도시계획안(?)들을 제시하기 시작한다.

도시가 입체화·3차원화 되고 지하공간의 필연적인 활용 및 교통망적 구성, 그리고 도시의 상공이 과학 구

지하철로 연결하는 상하 공간,
프리캐스트 콘크리트 구조물이 노출된다.

조물로 조립되는 과학도시의 실현을 예고하고 있기도 하다.

젊은 건축그룹 'TEAM-10', 'G.E.A.M', 'ARCHIGRAM' 등은 건축의 이론과 작품을 통해서 건축의 가변성, 입체 공중도시계획, 조립시스템 도시구조, 미래형 도시계획을 제시하며 분리된 도로, 통합 시스템의 도시하부 구조로서의 장치적 측면을 예고한 바 있다. 현대의 대도시에서는 분리되고 빠른 지하전철 환승시스템으로 1차적 도시 교통문제를 해결하고 있고 2차적으로 상업, 쇼핑시설, 문화시설의 계획, 그리고 3차적으로는 지하시민공원, 광장 등으로 지상공간의 대체 효과를 실현하기 시작 했다고 볼 수 있겠다.

70년대 초 수도 서울은 지하철 개통으로 지하교통 공간시대를 맞게 되었다.

그러나 단순히 교통 환승로서의 공간이 아닌 미래지향적으로 도시생활의 중요한 거점이 될 미래 공상적 공간의 구상이 계획되지 않는다면 음침한 닫힌 공간으로서의 슬럼화를 면치 못할 것이다.

도시 구조적 여건, 경제, 문화적 배경에서 우리와는 근본적으로 다르겠지만 파리 중심지역의 '레알지구'는 다층으로 이루어진 지하공간이다.

레알광장

레알 지역은 지하철교통의 중심지역으로 서울지하역, 대구의 반월당 중심지역에 해당한다.

70년대 초 중앙시장 지역을 이전하는 도시 재개발사업으로 출발하였으며, 지상·지하공간을 종합하여 레알 광장으로 칭하는 4종류의 공간영역으로 구분된다.

① 지하 4층으로 입체화된 교통기능영역은 고속전철환승, 대형주차공간, 자동차 통과 도로가 구성
② 지하 4층의 대형 상업시설영역은 200여 개의 상점과 관련시설, 면적 약 5만㎡의 종합 쇼핑센터 기능
③ 인접한 고딕건축인 '성 유스타쉬' 성당 전면에 계획된 '알르의 정원'이라 칭하는 시민광장 및 공원 지역
④ 올림픽 수영장, 체육관, 다목적 문화시설이 포함되어 있는 지하 스포츠시설부분으로 다양하게 계획되어 있다.

혼잡해야 할 파리 중심지역의 심장부가 고즈넉한 산책공원으로 여유로움을 갖는 것은 모든 구조물과 시설들을 지하공간으로 수용함으로써 가능하며 우리의 사업검토라는 것은 땅값, 시설분양가, 건축투자비의 대비뿐이며 결과물은 항상 용적률 높은 초대형 상업건축물 세우기이며 결국은 교통동선의 정체현상으로 도시의 악조건을 만들기가 십상이다.

지하 대형쇼핑센터는 1980년 '끌로드. 바스꼰니'와 '빵. 크레악'의 설계로 완성됐다. 진입부분은 커

지하의 선큰(SUNKEN)공간에서 빛이 유입되는 유리벽

다란 장방형의 선큰가든으로 계획되어 지하공간에 빛과 통풍을 제공한다. 버섯모양의 지상 구조물, 반원형의 유리, 백색프레임 형태는 '유스타쉬 교회'의 고딕아치에서 유선형태와 연결시켜 디자인화를 꽤했음을 쉽게 읽을 수 있겠다. 선큰가든은 여름철 젊음의 일광욕장이 되며, 환경 조형물의 예술적 분위기는 상업시설의 호사스러움 없이도 격조있는 공간을 만들고 있다.

지하 쇼핑공간의 지루하지 않는 페데스트리안, 블록단위 상가계획, 상품성에 따른 개성적 점포 디자인 등 우리의 지하 아케이드의 한계성을 비교해 본다.

가장 경제적인 Proto-type에 그치는 시설투자, 일직선의 동선, 일괄된 건축 재료와 패턴, 낮은 실내높이, 공간의 지루함, 통풍, 조명, Sign-Board, 지상의 시설보다도 수준을 높이지 않으면 곧 열악한 환경으로 타락함을 경험한다면 미래형 지하공간시대의 계획은 근본적으로 달라져야 될 것이다.

대형 쇼핑센터와 연결하여서 스포츠센터 영역을 만난다. 지하공간의 폐쇄성을 극복하기 위해 탑 라이트(Top-light)와 녹지조경을 활용하며, 각 시설의 분기점에는 대형 Major-Space가 계획된다. 15미터 높이의 트인 공간은 P·C조립 구조물 형태가 그대로 노출되어 낮고 섬세한 인테리어적 분위기의 상점과는 대별되어서 새로운 공간감을 느끼게 한다.

보행자들이 들여다볼 수 있게 된 투명유리벽 안의 수영장은 그야말로 시민생활체육 시설로서 가까이 이용되며, 또 지하공간에서 즐기는 물놀이는 보행자에게도 구경거리를 제공하기도 한다. 지하를 벗어나 지상으로 나오면 '유스타쉬 교회'의 광장과 '알르의 정원'을 만난다.

지하도시 속의 혼잡한 인구밀도에 비하면 잿빛 비둘기와 외로운 노인들만 남아있는 텅 빈 광장이 파리의 시가지 한가운데 있다는 것이 미래사회의 적막을 예고하는 것인지도 모른다.

밀적된 내부공간의 숨통을 틔워주고 경제적 상업성보다도 시민들의 예술적 정서와 감성을 배려하는 도시계획을 느낄 수 있으며, 보존되고 있는 교회당의 상징광장과 원형계단형 야외공연장이 되는 '알르의 정원'은 현상설계 공모에서 '아레쉬(Arretche)'의 계획안이 당선되었다.

인간의 머리와 손을 주제로 그로테스크하게 보이는 화강석 조형물은 전통적인 고딕양식의 교회와 대비되어 역사의 바탕위에 미래문명을 계획하는 프랑스적 창의성을 연상케 한다.

그들의 감성적이고도 이지적인 창의력은 일찍이 개선문을 정점으로 하는 근대도시계획을 실행했으며, 그들은 시속 400km의 T.G.V와 도버해협의 바다 밑을 관통하는 문명의 길을 개척하였다.

미래의 개선문 – 그랑 아르슈

　현대의 도시는 그 도시의 이미지 구축을 위하여 강력하게 어필될 수 있는 기념비적 건축조형물을 세우기를 원한다. 그 건축은 도시의 얼굴로 표상되고 도시의 랜드마크(Land Mark)로서 상징성으로 영속되기를 원한다.

　필자가 대학에서 건축을 배우던 시절 세계 최대 높이의 건축은 시카고의 '시어즈 타워'(높이 443M, 109층)였다. 2001년 9월11일 비행기 테러로 무너져 내린 뉴욕 맨하탄의 '월드 트레이드 센터'(높이 441M, 110층)는 세계 최고높이의 명성보다도 트윈타워(Twin Tower)로 기억되는 랜드마크였다. 일본의 단게겐죠가 설계한 동경시 청사는 노트르담 성당을 형상화한 최고 높이 최대 규모의 도시 관청건축이다. 도시의 상징적 건물로서 위용을 나타내기에 충분하며 도시를 조망하는 전망 층은 외국 방문객이 가장 먼저 찾는 장소이다. 상해의 진마오 빌딩, 쿠알라룸푸르의 페트로나스 빌딩, 대만의 101빌딩에서 지금은 아랍 에미리트의 버즈 칼리파 빌딩(828M)이지만 중국과 사우디가 최고높이 건물 계획을 선언하고 있다.

　그러나 초고층건축은 자칫 도시의 변모와 사회적 경제적 변화로 자생력을 잃은 혜성이 되기도 하며 예측 불가능한 도시의 거대한 재난으로 다가올지도 모른다. 공포의 재난영화에서 초고층 건물이 주인공으로 등장하는 사례도 많은 것이다.
　최고높이의 경쟁보다는 도시의 자랑스러운 배경이 되는 건전한 시대정신의 산물로 태어난 훌륭한 건축물은 장구한 역사를 거치면서도 그 도시와 함께 생명력을 같이 하는 것이다.

　20세기말 파리 빅 프로젝트 중에서 장엄한 사명감과 프랑스적 시대정신으로 탄생한 건축조형물 중 하나가 라 데팡스(La Defence)지구에 있는 '떼드 데팡스(Tete Defence)'이다. 대형 사각 아치 형태의 강렬한 조형적 건축물로서, '거대한 문, 그랑 아르슈(La Grand Arche)' 라는 상징적 이름으로 불리어 진다.

미래의 개선문 그랑 아르슈 정면

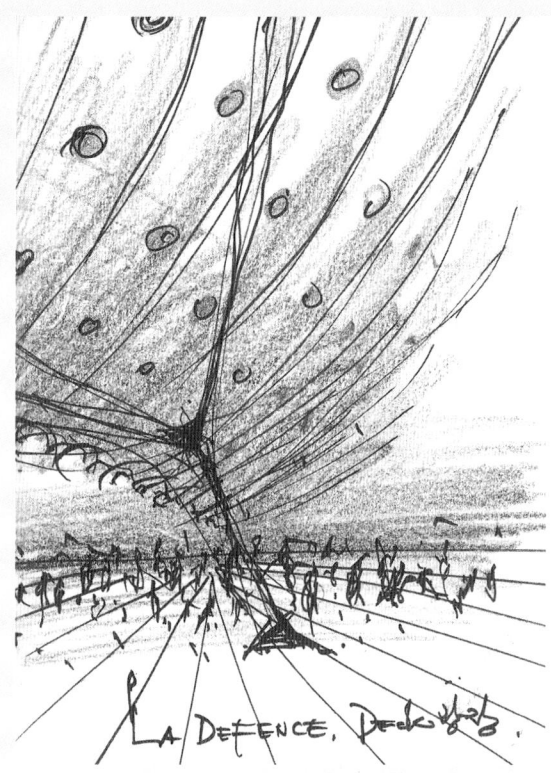
건물입구 광장의 휴먼스케일 텐트 구조물 클라우드

'에펠탑'이 100년 전 만국박람회 상징조형물로서 탄생되어 지금까지도 파리의 상징으로 존재하듯, '그랑 아르슈'는 21세기를 준비하는 미래의 개선문을 상징하며 고층빌딩 건설이라는 차원은 아닌 것이다. 19세기 초 나폴레옹 제정시대의 막강한 건설력과 파괴력을 배경으로 도시행정가 '오스망'에 의한 '에뜨와르 개선문'을 중심으로 한 방사형 도시계획의 구도에서 벗어나 새로운 고층 업무 상업지구가 형성되기 시작한 것이 20세기 초반이었다. 파리 시가지 전체는 저층지구로 조화를 이루며 초고층 건축물은 도시 계획으로 라데팡스 지구에서만 한정하였다.

1932년부터 반세기를 넘는 세월을 미래지향적인 신도시 구상을 위한 연구도시계획 수립에 파리시 행정부가 매달렸다고 한다.

도심 서측 외곽지역인 '라 데팡스'는 개선문을 정점으로 이루어진 시가지의 원형을 그대로 유지하며, 루 브르궁(미술관), 콩코드 광장, 샹젤리제 거리, 개선문으로 연계되는 상징적이며 역사적인 도시 공간을 일직선으로 연장하여 미래의 축으로 형성하고 있다.

라데팡스 주변은 고층건물이 허용되며, 다양한 조형건축들이 모여있다.
쉘 건축물은 '국립공업기술센터' 1958 에로사리넨 작품

'그랑 아르슈'는 1983년 국제 현상공모에서 덴마크 출신 건축가 '요한 오토 폰 스프레켈션(sprekelsen)'이 당선, 설계가 완료되어 착공 이후 그는 불행한 죽음을 맞는다. 이를 프랑스 측의 협동설계자 '폴 안드류'가 계속 진행하다 다시 '델지오'와 파트너가 되어 완성을 한다.

'그랑 아르슈'의 저층면 도로와 연계되는 기단부분에 인접하여 '남북의 언덕'이라는 이름의 직선 수평형 건물은 '쟝 피에르 뷰피'의 작품으로 거대 아치 형태를 위한 배경건물 역할을 하고 있다. 도시의 스타 건축을 위해서는 엑스트라 건축이 되기도 하는 것이다.

건물의 입구부분 아치의 허공에 달려있는, 흰 구름을 상징화한 텐트 구조물은 '피터 라이스'의 구조적 조형 디자인이다. '피터 라이스'는 '퐁피두 센터'의 하이테크건축 구조설계를 담당한 구조전문 건축가이다.

백색 대리석의 외부마감, 엄격한 정방형의 큐빅 형태, 그리고 세분화되는 사각의 벽면, 창의 패턴의 단조로움에 하얀 훼브릭 차양구조물은 활기와 자유로움을, 거대벽면에 대비되는 휴먼스케일을 부여한다. 구름의 경쾌함을 뚫고 5대의 전망 엘리베이터가 100여 미터의 허공으로 떠오른다. 설계 파트너 '델지오'는 건물 입면계획과 함께 하이테크 공학적 엘리베이터를 새롭게 설계하며, 그 유리의 강도와 정밀

함은 제트 여객기와 동일하다고 한다.

  고층빌딩의 주 기능은 건설 행정부서의 관공서이지만 많은 층의 시설과 공간은 공공스페이스로 남겨 놓고 있으며, 아치 하부의 데크 스페이스는 다양한 행사와 이벤트가 행해지는 광장이자 시민 휴식공간이다.

  저층부에서는 지하철, 교통동선 주차장과 연결되어 대형건축의 단점인 유동인구 피크타임의 혼잡성을 해결한다. 하부에는 쇼핑센터, 국제전시장(CNIT), 국제 정보시장, MART, 극장 등이 있고, 고층부 아치 상부에는 국제회의장, 도시를 조망하는 전망대가 있다. 시민을 위한 핵심적 시설뿐 아니라 파리시 당국은 EC 통합 이후의 국제적 정치, 상업지구로서의 초점을 맞추어 설계 기획을 했다 한다.

  한 변의 길이가 105미터나 되는 정육면체의 건물 Mass는 유니트로 구성된 12개의 구조로 이루어지고, 비워진 거대 공간은 에뜨와르 개선문과의 공간적 시간적 관통을 이루고 있으며 도로의 직선축이 6°의 각도로 비껴져 있음은 Mass의 깊이와 공간감을 인지할 수 있도록 퍼스펙티브 효과를 고려한 설계이다.

  '라 데팡스' 지구는 시간이 갈수록 급속하게 변모해 왔다. 1958년에 세워진 '에로 사리넨(E.Saarinen)'의 원형 셀 구조 대형건축물 '국립공업 기술센터'는 당시 기술로서는 획기적인 하이테크 건축이었다. 소멸의 시기가 넘었지만 현대기능의 변화에 맞추어 수차례 개조공사를 거치며 건축을 보존해왔다. 인근 폴리의 삼각 지구에는 건축가 '쟝 누벨'의 설계로 '그랑 아르슈' 규모의 3배에 해당하는 100층 높이는 초고층건물 계획이 있었으나 실현되지 못했다.

비엔나의 낭만 -
훈데르트바셔 하우스
HUNDERT WASSER-HOUSE

각 세대별 각양각색의 입면으로 구성된 건물 정면

요한 스트라우스의 선율

합수브르그 왕가의 고전적 흔적이 고스란히 숨 쉬고 있는 오스트리아 비엔나,

도시의 모습에서는 포스트모더니즘, 해체주의 성향의 전위건축은 발붙일 여지가 전혀 없어 보인다. 그러나 눈여겨 살펴보면 근대건축의 태동에서부터 하이테크 건축에 이르기까지 다양함이 존재하는 온고지신의 도시로 느껴진다.

육중한 디테일의 석조건물의 질감에 비하여 군데군데 박혀있는 크리스탈과도 같은 현대 건축물이 흔치는 않은 도시이다.

그저 길을 헤매다가 이름도 모를 자그마한 뒤안길에서 우연히 만난 모퉁이 건물, 목적지로 삼지 않았는데 행운이었다.
'HUNDERT -WASSER-HOUS' 1층 입구에 부착된 건물 명패와 주변에서 건물사진을 찍는 사람들로 하여금 비로소 비엔나의 보석을 만난 기분이다.

화가이자 비엔나 미술학교 교수인 훈데르트바서가 캔버스를 벗어나 도시를 배경으로한 이상적인 환경예술품으로 첫 건축 작품을 시도하였다. 당초에는 예술가를 위한 50세대 1,700평 규모의 공동주택으로 1층에는 근린생활시설(병원, 레스토랑, 상가)이 포함되어 있다.

작가의 이름 그대로인 〈HUNDERT WASSER-HOUS〉는 화가 〈훈데르트바서〉가 도시의 고답적이고 비인간적인 건축물들에 반발하면서부터 지어졌다. 그는 건축물은 도시의 환경예술품이며 극히 인간적이어야 한다고 주장, '집은 시대의 모험이며 독창적인 건축세계의 여행이며 거기에서 사람은 자유롭다' 는 건축환경예술론을 바탕으로 실험적으로 설계되고 건설되어진 것이다.

행동하는 화가로서 건축가의 영역에까지 뛰어든 '훈데르트바서' 의 이름을 해석하면 '백 방울의 물방울' 이란 뜻이다.
1928년 비엔나 출생, 독학으로 미술의 길에 접어들어 2차 대전 후 프랑스의 '에콜.드.파리', '엥포르맬' 계열에 심취한 표현주의적 작가이다. 그의 화풍은 클림트, 쉴레, 클레에 연유하여 장식적이고도 화려한 구도와 색조를 다루며 1962년 베니스 비엔날레에서 수상하며 국제적 작가로 부상한다.

직선은 인간성을 상실시킨다며 그의 그림에서나 도시와 환경에서도 철저히 직선을 거부하는 아르누보 운동의 선구자였다. 타자기 무지개색 잉크리본을 개발하여 무미건조한 타이프에 낭만적 색상을 처음 도입하였고, 함부르크 응용미술학교 교사시절에는 학교 전체 벽면을 뒤덮는 '끝없는 선'으로 연결하는 건축환경 퍼포먼스를 시도하기도 했다. 건축가나 도시 계획가들이 환경문제 혹은 생태학에 관심을 나타내기 이전인 70년대 초부터 인간적 도시와 생태학에 많은 관심을 가져왔다.

1977년, 그의 그림에서 모티브로 나타나는 요소를 창문 지붕 담장 벽, 건축적 실체로서 표현하는 작업을 시작한다. 그의 관심은 합리적인 평면구성, 내부공간의 질이라기보다 이상적인 외향적 조형에 있었으므로 건축이 내포하고 있는 종합적이고 구체적인 아이템을 소홀히 다룰 수밖에 없었다.

협동 건축가 조세프와의 설계 작업 중 건축적 해결과 조형적 이상향 사이에서 계속 트러블이 생기자 결국 조세프는 설계를 포기하였고 건축공무원과 작업을 한다. 이때부터 화가 훈데르트 바서는 건축구조 및 설계도 작성방법, 시공 디테일까지 연구하며 본격적인 건축전문가의 길로 들어선다. 직접 벽돌을 쌓고 디자인을 개발하고 모르타르, 회반죽을 여러 방법으로 바르거나 타일을 불규칙적으로 붙이는 등 직접 시공에 참여한다. 벽과 바닥, 지붕을 철저한 곡선으로 다듬는 수공예적 작업으로 4년의 기간에 걸쳐 변경을 거듭하며 완성한다.

창문에 손을 드리우면 촉감을 느낄 수 있는 벽면, 창문 크기, 모양도 일률에서 탈피하여 층별 세대별로 각각 다른 디자인으로 구획하고 마치 개별 단독주택이 모여 이뤄진 집합주택형태이다. 옥상정원과 옥탑에는 상징적인 금빛왕관으로 고전도시와의 융화도 고려하였다. 그러나 불합리한 평면구성, 좁고 낮은 실내 공간, 어두운 조명, 불편한 계단 통로 등 실용적이어야 할 공동주택의 의미를 외부조형을 위한 부산물로 전락시켜 버렸다.

그는 '근대건축가 아돌프 루스는 비엔나를 불행하게 만들었지만 나는 그 불행을 종결지었다.' 면서 자신의 작품을 격상시켜놓고 있다. 아돌프 루스의 '장식은 죄악'이라는 관점에서 볼 때 훈데르트바서의 건축은 죄악이며 엄청난 건축비용은 귀족취향 예술가의 사치로 비난받을 것이다.

입구 낭만적인 기념품 가게에는 훈데르트 와서의 설계도면, 스케치, 모형작품이 전시되어 있고 방문객을 위한 비엔나의 기념품으로 전시되어있었다.

후일 끊임없는 방문객으로 인해 주택으로서의 안락한 프라이버시는 침해당하고 인기 없는 아파트로 전락할지라도 우리와 같은 재건축 재개발은 없을 것이다. 건축예술품 'HUNDERT WASSER-HOUS'는 비엔나의 낭만으로, 건축조형으로 오래도록 남아 있을 것이다.

도시속의 미술관 - 클로어 갤러리

영국적인 건축 제임스 스털링

　전통과 현대, 보수주의와 실험정신, 고전과 하이테크 등이 영국의 국가적 이미지와 함께 건축가 제임스 스털링(James Striling)의 건축적인 성향을 표현할 수 있는 어휘일 것이다. 그는 영국의 풍토주의적 건축가이면서도 하이테크 건축의 선두주자이기도 하며, 신고전주의와 포스트모던 계열을 넘나들면서 영국 내에서보다 유럽, 또는 미국에서 20세기말 최고의 건축가라는 칭호를 듣는 건축가였다.

　1992년 6월 향년 68세를 일기로 타계한 그는 뒤늦게 영국 정부로부터 문화예술에 기여한 공로를 인정받아 나이트(Kninght)작위를 수여받는 영예를 누리게 되었으나, 불과 12일 후 급작스런 서거를 맞고 말아 한창 자유분방한 창작을 할 시기에 명멸한 큰 별이기에 건축계로서는 큰 손실이 아닐 수 없었다.

　그의 건축 작품은 항상 찬탄과 조소라는 극단적인 세평을 수반하였다. 충격과 새로운 조형세계를 자유로이 방황하며 시대를 초월하는 웅대하며 진정한 건축가적 기질을 항상 내보이는 등 유희정신에 가득 찬 자유주의자 이면서도, 합리주의적 사고의 소유자였다.
　'Ham Commom Apt', '레스터 대학 공학동', '캠브리지대학 역사학동', '클로어 갤러리', '쉬투트가르트 미술관' 등의 대표작들은 건축텍스트에 영원히 오르내릴 것이며 견학의 발길이 끊임 없을 것이다.
　그러나 그의 프로젝트 모드가 성공작은 아니다.
　몇 개의 실패작으로 인해 10여 년 동안 사무실이 폐쇄 위기에까지 몰렸으나 해외 국제현상설계에서의 성공으로 명성을 얻게 되었고 독일이나 미국 등의 해외에서 미술관과 문화시설을 계속 설계할 기회를 얻게 되었다. 그리고 '알바 알토상', 'RIBA골드 메달', 'Pritzker상' 등의 국제적으로 영예로운 건축상을 거의 수상한 행운의 건축가이기도 하다.
　그의 특출한 재능은 프로젝트를 표현하는 특이한 기법의 엑소노 메트릭(등각 투상도)에서 잘 나타난다.

건축철학, 데테일, 공간감, 조형성, 기능, 구조의 모든 것을 나타내는 그의 그림 속에는 미련스럽게 보이는 후줄근한 양복을 입은 뚱보 아저씨가 의자에 앉아있는 모습의 엑스트라가 자주 나타난다. 스털링 자신의 모습을 자신의 건축 작품 속 배경에 등장시키는 유머가 있으며, 때로는 파트너 건축가의 뒤통수를 등장시키기도 한다. - 영화감독이 자신의 모습을 영화의 한 장면에 슬쩍 내 보이듯.

조명을 흡수하는 옐로우 톤의 부드러운 벽면과 중후한 대리석 MASS를 배경으로 강조된 입구 정면

　왕년에 비틀즈의 활동무대로 친숙한 이름의 도시, 리버풀에서 성장기를 보내며 산업혁명 이후의 상공업 항구도시의 환경적 분위기와 선박조선기사인 부친을 두었던 가정환경이 후일 그의 출세작 '레스터 대학 공학동' 이미지와 관련 있다고 비평가들은 이야기 한다. 이 건물은 후일 하이테크 건축의 시발점으로 보기도 한다. 아쉽게도 이 건축은 조우하지 못하고, 70년대 이후 포스트 모더니스트로 전향한(?) 이후의 대표작품인 런던 템즈 강변 도심 속의 미술관 '클로어 갤러리'를 기행 한다.

　초기의 거친 공업주의와는 완전 상반되는 현대적 의미에서 절충주의적 성향의 합리성과, 도시적 컨텍스트에 충실한 맥락주의라고 느끼며 건축 실무에 아주 유익한 참고서를 섭렵하는 기분으로 건축 기행을 한다.

템스 강변 근처의 파란 잔디와 아름드리 나무사이로 나타나는 웅장한 고전풍의 석조건물인 기존 「테이트 미술관」곁에 증축되어 지어진 미술관은 잔디가 깔린 바닥 지면에서 비추는 나트륨 조명 빛에 의해 가상적인 무대세트로 보일만큼 화사한 벽면을 우선적으로 드러낸다.
 기존 배치상황이나 역사적 건물과의 조화를 우선적으로 하여 설계되었음을 느끼며 작은 모서리 땅에 증축 개념의 의도를 읽게 된다.
 고전과 현대가 상면하는 앞마당은 장방형 연못을 배치하여 대립되는 파사드를 투영시켜 놓았으며 중간 연결된 벽면은 휴게 파고라, 벤취를 생략적 기법으로 단아하게 장치함으로써 자연스러운 조화를 그려놓았다.

 지극히 소박하고도 절제된 외부 재료나 색상을 사용하였다. 콘크리트 사각형 패턴의 골격에다 벽면은 붉은 벽돌, 연노랑의 페인트, 주출입구의 초록색 출입문 등으로만 외부조형을 표현하는데 만족하고 있다. 기존 석조건물의 아치 형태의 디테일을 새 건물의 입구 상부에 형상화함으로써 신·구 문맥의 흐름을 암시하고 있을 뿐이다. 기존에 있던 '테이트 미술관'의 석조건물을 칙칙한 바바리코트의 남성적인 우수에 비유한다면 새로 신축된 스털링의 '클로어 갤러리'는 노란 레인코트를 걸친 청순한 여성의 아름다움으로 느껴진다.
 8시가 넘은 시간인데도 퇴근 이후의 시민들이 도심 가까이 있는 미술관을 여유롭게 드나들고 있었다. 밤을 맞은 미술관의 밝은 불빛이 생소하고 더욱 이국적이다.

 '클로어 갤러리'는 19세기 영국의 대표적 화가 윌리암 터너(William Turner)의 작품을 전시·소장하는 전용 미술관이며, 강당·도서관·회의실·서클룸이 계획되어 있어 전시뿐 아니라 소규모의 시민 문화공간이기도 하다.
 생각보다 훨씬 작은 내부공간과 그래서 유독 체구가 큰 영국인들로 북적거려 보이는 입구의 카운터에

고전 르네상스양식의
구관과 연결된 신관 갤러리

는 터너의 도록과 나란히 스털링의 건축 작품집이 판매되어 터너의 명작을 감상하는 관람객만큼이나 스털링의 건축물을 감상하려는 고객이 많음을 알 수 있다.

낮고 작은 공간과 2층 계단의 높은 트임, 천창의 요소 등은 흔히 느낄 수 있는 친근감일 뿐 커다란 감흥은 없다. 다만 외부의 황색조 파스텔톤은 내부 공간에도 그대로 배어있어 일치감과 부드러움이 있다. 악센트로 표현된 핑크색의 핸드레일과 철물 디테일, 출입문의 과감한 보라색은 경쾌함이다. 무신경하거나 텅 빈 듯한 우리의 전시공간과는 차이가 있다. 로비, 벽, 복도 등 전시장의 모든 조명장치는 간접조도로 연출되어 안온함을 더하며, 각 실 입구부분에 강조된 디자인과 조명에서 석조 디테일의 과장을 읽을 수 있다.

인상파 계열의 선구자이기도 한 영국의 자연 풍토주의 화가 윌리엄 터너의 끝없는 안개, 무겁고 뿌연 태양광선, 수평선 없는 부유의 바다는 가장 영국을 잘 표현했다고 한다.

대표작 '국회의사당의 화재'가 그려진 '1835년, 템스 강변에 낭만주의 건축의 표본인 찰스바리경이 설계한 국회의사당이 세워지기 전 역사적 화재 사건의 기록이라는 점도 건축역사와 무관치 않음을 알게 된다. 마감시간, 네온이 명멸하는 시가지를 향하면서 다시 만나지 못할지도 모를 스털링의 건축물을 카메라에 담으며 생각해 본다.

거창하거나 고급스럽지도 않은 미술관, 넓은 부지를 찾아 발걸음이 닿지도 않은 외곽으로만 나갈 것이 아니라 도심지도 좋고 주택가 골목이라도 좋겠다. 작은 땅에 작은 건축 시설물, 일과시간 이후에도 전시장의 문은 밝게 열려 있고, 시민들과 청소년들이 들락거리며 독서도 할 수 있다면 좋겠다. 굳이 미술관, 도서관, 공연장 시설의 별도 구분이 필요할까?

제5부
스케치 기행

일본
도쿄, 요코하마, 센다이, 이와테현, 대마도

중국
베이징, 상해, 남경, 오진, 황산

금강산

여행 – **동대구역**

역 대합실은 도시의 선착장.
가벼운 휴가이든 무거운 업무여행이든
설렘과 기대, 약간의 흥분으로 분주하다.
완행열차 새마을호 비둘기호가 KTX로 변하고
삶은 계란 김밥이 초콜릿 캔맥주로 바뀌었지만
역 대합실은 라운지 홀 그릴로 변신할 수 없다.

대합실 한 켠 커피숍에서,
카페라떼를 앞에 두고 카카오 톡으로 소식을 날린다.
인터넷으로 예매한 승차권,

역무원도 개찰구도 없이
에스컬레이터를 내려
스마트폰에 찍힌 지정칸 지정석에 승차한다.

서울행 KTX 좌석은 역방향이다.
서울 올라가는 풍경이 부산으로 내려가고 있다.
산을 밀쳐내고 강을 앞질러서 간다.
아쉬운 기억들은 눈 감고서 흘려 버리고
오지 않은 내일을 서둘러서 만난다.
역방향, 이 길 쭈-욱 쭉 가면
서울역 방향 아닌
내 삶에 또 다른 역방향에 도착을 할까?

일본 sketch

동경 인터내셔널 포럼 (라파엘 비놀리 설계)
동경도청사가 옮겨간 자리에 세워진 복합문화공간.
200M 길이, 높이 52M의 GLASS HALL은 거대한
배 형상의 공간이다. 공연장,전시장,식당,아트숍 메인
홀은 도심 지하철과 연계되어 있으며 중정들은 밤이
되면 아늑한 도시속의 쉼터이다.

One 오모테산도 (겐코 구마 설계)
오모테산토 거리입구에 있는 겐코 구마설계의 ㄱ형태
의 건물, 건물 외관은 목재 루바로 인하여 에너지 절
약과 부드러운 친환경적 이미지

버버리 전시장 (키쇼 구로카와 설계)
건물 중앙은 오픈 테라스 옥외카페, 길을 가다 커피 마시고픈 유혹을 일으키는 공간, 일본에서 땅값 제일 비싼 도심 공간에 오픈 스페이스들이 많은 것이 이 건물의 특징

캡슐타워 (키쇼 구로가와 설계)
72년도에 세워진 메타볼리즘 건축의 대표작. 유기체가 성장 번식하듯 작은 객실의 유닛들은 중심 코아 구조물에 아베마차럼 달려있다. 1인용 베드와 책상이 있고 신칸센을 놓친 셀러리맨들이 주로 이용한다. 40년 동안 오리지날리티를 유지하고 있다.

아우디 도쿄포럼 (벤자민 워너 설계)
동경에서 가장 다이나믹한 형태로 설계된 아우디자동차 건물, 1층 자동차 전시장, 결혼식장, 최상층은 스카이라운지 연회장이다.

Tod's shop (도요이토 설계)
오모테산도 거리의 명품숍과 사무실. 나뭇가지 형상을 구조 디자인으로 모티브화한 건물

샤넬 전시장 (MVRDV 설계)
명품숍들은 세계적 건축가를 초빙, 설계하여서 건물 자체가 명품이다. 오모테산도 번화가에 명품숍 건물이 모여있다.

미키토모긴자 (도요이토 설계)
긴자거리의 부티크 숍 건물

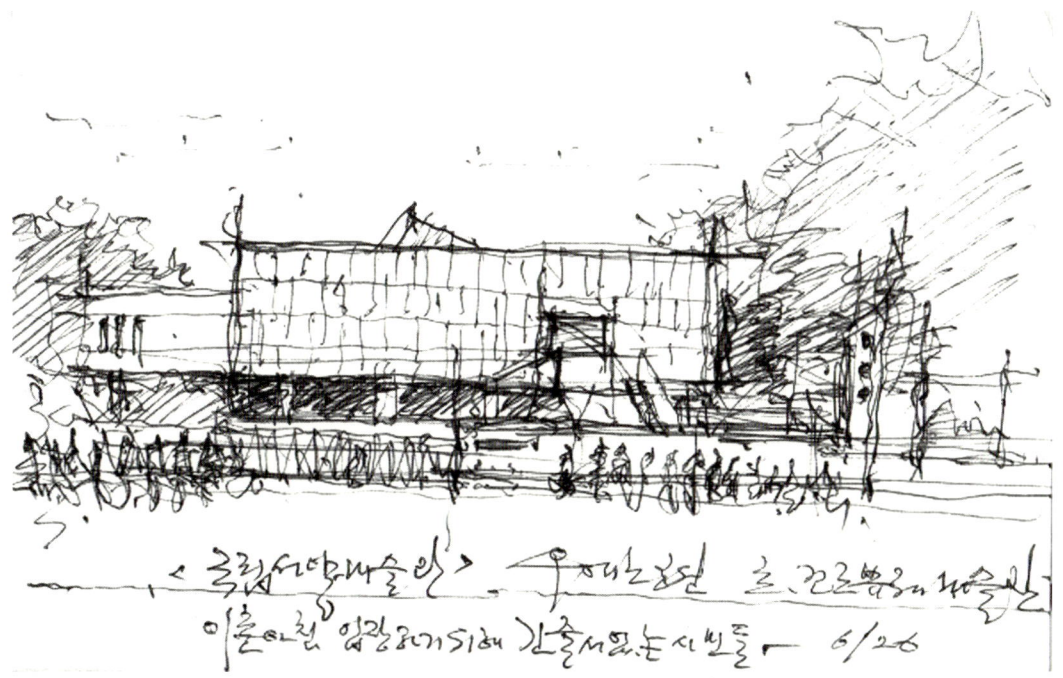

국립서양 미술관 (르 꼬르뷰제)
우에노 공원에는 국립박물관 미술관을 비롯해 수많은 전시장과 문화시설들이 있다.
50년대 르 꼬르뷰제가 설계한 미술관에는 인상파 마네, 모네, 르노아르 피카소 등 현대미술이 상설전시되고 있다. 앞 마당에는 로댕의 명작〈칼레의 시민〉이 있다. 유네스코세계유산에 신청하였다가 내부전시장 증축으로 원형 훼손 사유로 탈락되었다.

국립박물관
과거 우리의 중앙청 건축을 떠올리게 하는 르네상스 건축 양식이다.
우에노 공원지역

동경예술대학 별관 입구
우에노 공원, 오랜 역사와 전통을 지니고 있는 이곳에서 유수한 예술가들이 탄생했다. 미술관에서는 이곳 출신 작가들의 초청 전시가 항상 개최되고 있다.

후지TV (단게 겐죠 설계)
오다이바 바다를 배경으로 현대적 조형으로 나타나며 격자 그리드 패턴의 디자인으로 상부 구형은 전망라운지

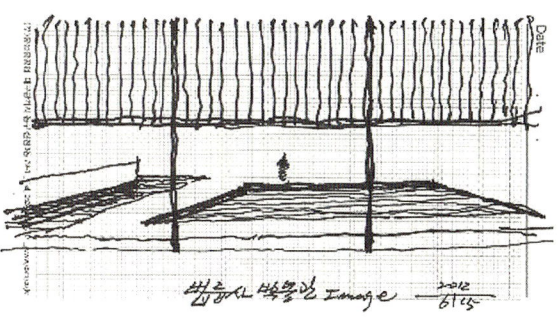

법륭사 박물관 (요시오 다니꾸지)
일본 전통건축 이미지를 현대 건축으로 정화시킨
현대 일본건축의 백미로 평가된다.

텔레콤 센터빌딩
동경만을 매립한 오다이바 지역에는 방송사 통신사 쇼핑센터 놀이시설 호텔들이 있다. 주말이면 동경의 가족 관광객들이 몰려온다.
바다를 배경으로 텔레콤 센터빌딩, 오버브릿지 광장이 조형물 같은 기념비적 형태와 공간을 이루고 있다.

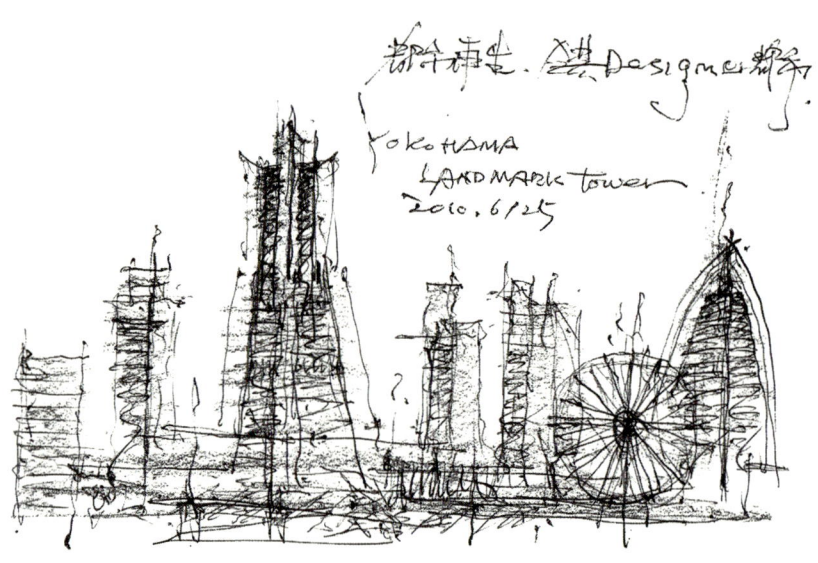

요코하마
깨끗한 항구도시 요코하마는 동경과 연결되는 일본 제2의 도시이다. 도시재생 공공디자인의 앞선 실천으로 세계 도시들의 벤치마킹 대상이었고 일본인이 가장 살고 싶은 도시에 선정.
최고 높이 〈랜드마크 타워〉 주변에 조형적 건축과 시설들이 다양한 스카이 라인을 이루고 있다.

요코하에 항에 정박중인 선박
깨끗한 항구 도시 이미지가 그대로 어우러져 보인다.

센다이 공항
원통형으로 디자인된 센다이공항의 라운지, 해안에 가까운 공항은 2011년 3월 11일 쓰나미로 물에 잠긴 장면이 TV에 나타났다.

센다이 미디어텍 (도요 이토 설계)
센다이 중심 시가지에 위치하며 시립도서관,
미술관, 영상관 커피숍 아트숍이 있는 복합 문화공간.
세계 10대 건축에도 선정되었다.

센다이 통신 사옥
현대적 디자인이 가장 돋보이는 건물

센다이 최고층 건축물이었으나 최근
더 높은 건물이 세워졌다.

센다이 미디어텍 (도요 이토 설계)
센다이 중심 시가지에 위치하며 시립도서관, 미술관, 영상관, 커피숍, 아트숍이 있는 복합 문화공간.
세계 10대 건축에도 선정되었다.

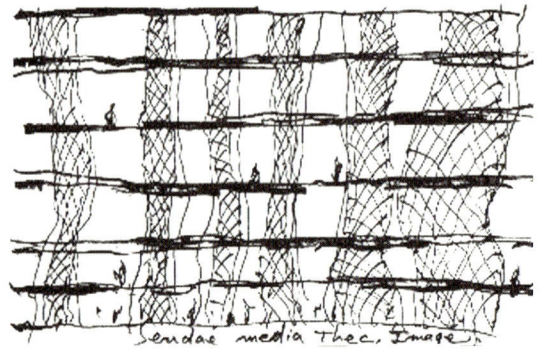

지진에 대응하여 충격을 흡수하는 구조 시스템을 보여주는 단면개념, 코어를 이루는 구조가 흔들리는 기둥이며 물결에 따라 흔들리는 바다 밑 해조류에서 건축 모티브를 착안했다. 3,11 대지진에서 천정 일부가 파손되었지만 전체 건물은 안전했다.

계단실 엘리베이터등의 코어는 강관다발로 이루어진 기둥기능의 디자인 구조물이다.

도심에서 흔히 볼 수 있는 전통 사찰.
입구에 사천왕상이 서 있다.

시가지 골목안의 작은 성당

미쓰이 빌딩 스카이 라운지
센다이 시가지 사방 전체를 조망할 수 있는 고층건물

미야기현 미술관 로비

샤토츄로 조각 작품
센다이 출신 대표적 조각가 샤토츄로 기념미술관이 미야기현 미술관과 연결되어 있다.

미야기현 현청사 (縣廳舍)
시가지 고도타이 공원의 녹지속에 의회 경찰청 건물이 함께 있어 한층 여유로워 보이는 도시

센다이 공항 가는길. 비행기 날개 형상의 쇼핑센터 건물

도심에서 가장 번잡한 주점이 밀집한 유흥가 거리

센다이 근교 아파트
대규모의 아파트 단지는 없다.

일본의 PROTO TYPE의 주택 모습
기초 이외에는 건식 조립식공법.
잦은 지진으로 벽돌을 사용하지 않는다.

변두리의 식당건물
지역의 특산물 소 혓바닥 구이집이 많다.

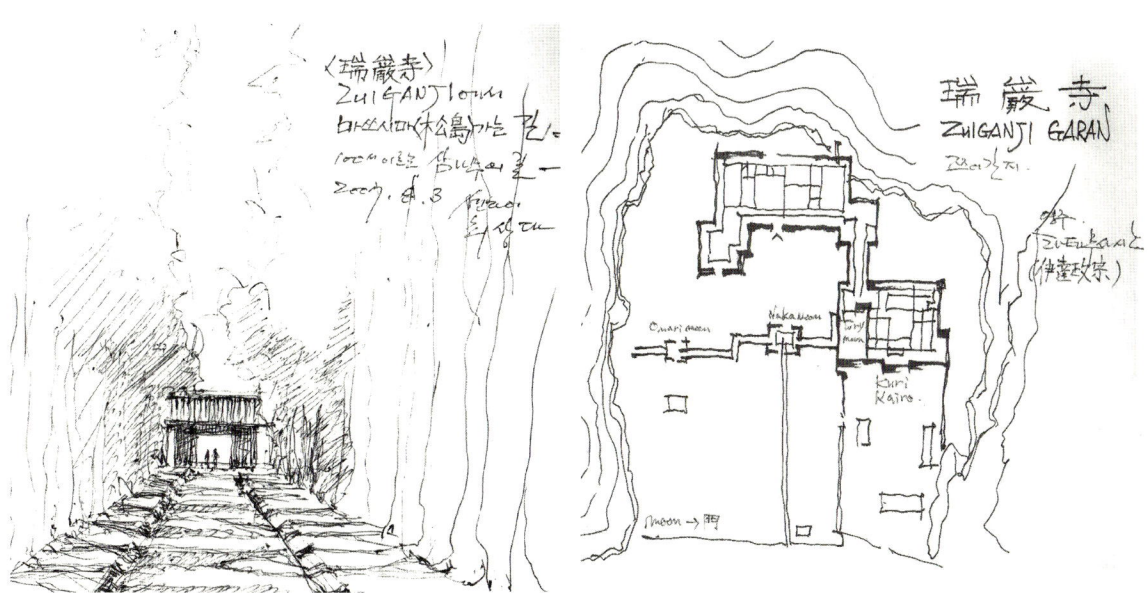

센다이 북동해변가 松島지역의 유적지 즈이간지 사찰   사찰의 배치도. 과거 지역을 지배하는 성주의 본부였다.

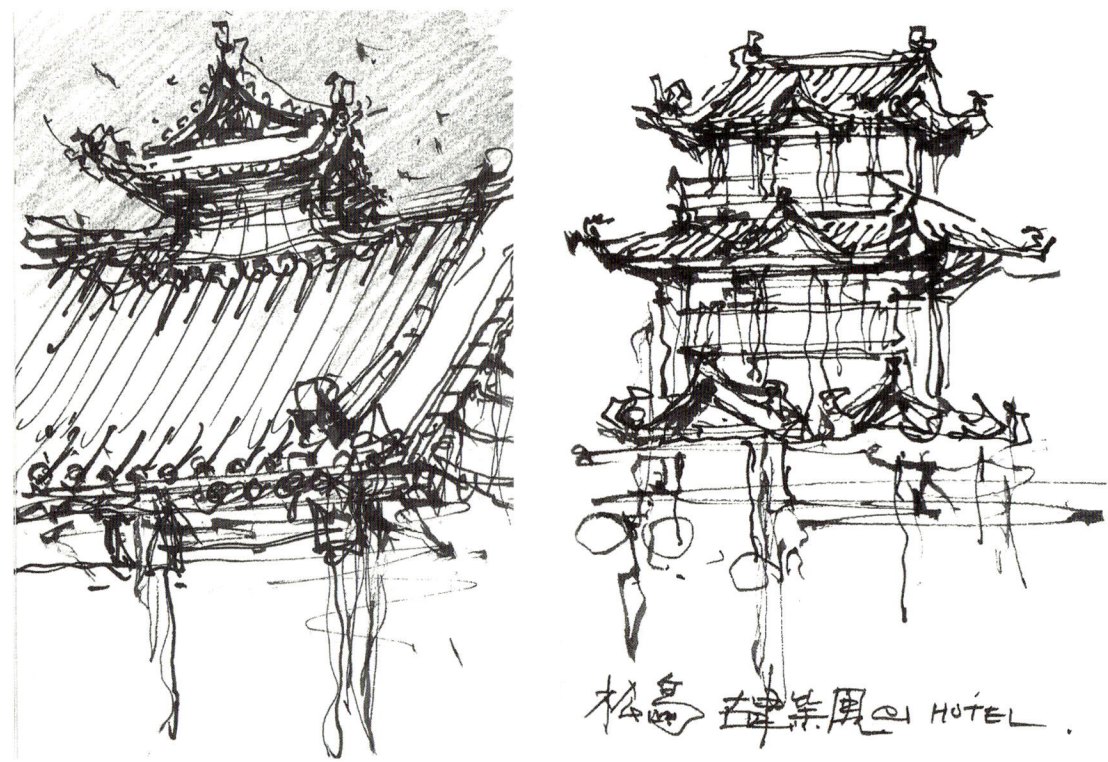

일본적 독창성의 전통건축 요소에는 한국과의 유사성도 포함되어 있다.

유적지에는 일본 전통을 현대화한 건축으로 잘 정리가 되어있다. 우리의 곡선요소에 비교하여 수직요소가 많다. 송도지역 가로변의 숙박시설 건물.

이와테 현에서 먼저 찾은 곳이 안중근 의사 위패를 봉안하고 있는 대림사.
법당 안에는 매일신문사에서 제작 기증한 범종이 있다. 마당의 큰 소나무가 사찰의 기품을 나타내고 있다.

대림사 절 마당의 소박한 종각. 마당에는 안중근 의사의 친필 휘호를 새긴 비석이 있다.

세계문화유산으로 지정된 이와테현 역사지구의 사찰건축들

중존사 (CHUSOMJI – KYOZO)

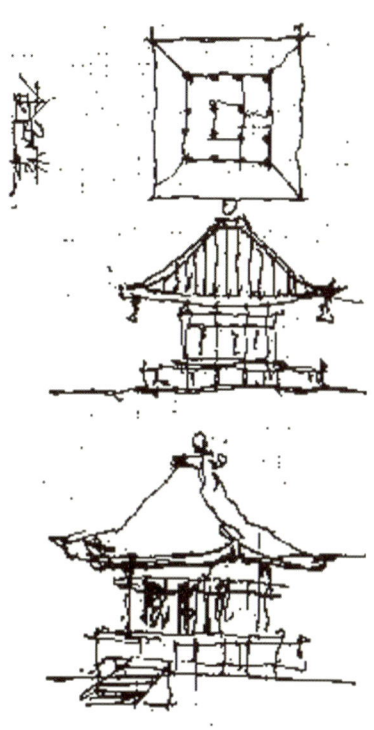

중국 sketch

북경 수도(首道) 국제공항 제3터미널
수도 국제공항 제3터미널은 베이징 올림픽의 인원을 수용하기 위해 만들어진 공항이다.
공항구역 안에서도 궤도열차를 탑승하여 이동할 정도의 대규모이다.

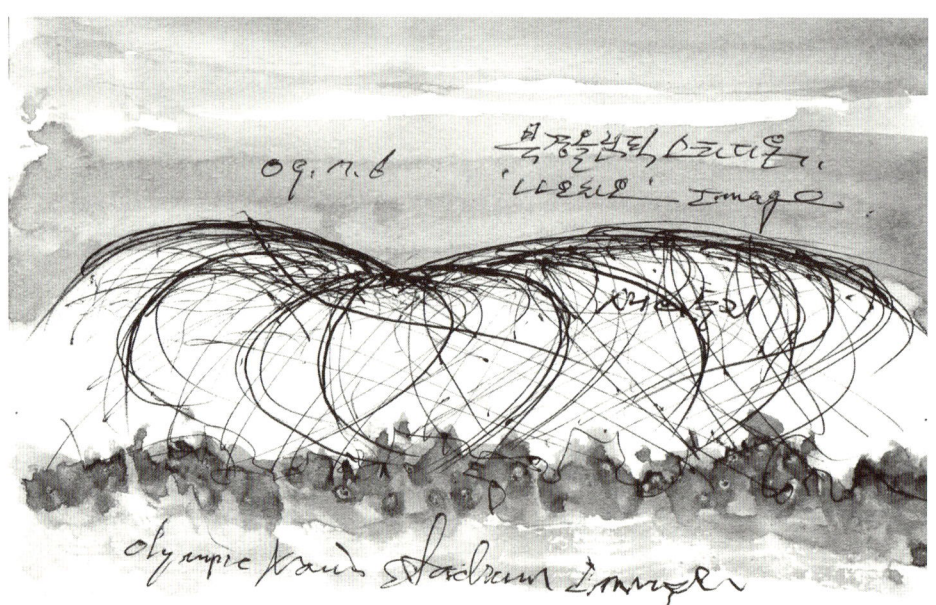

올림픽 메인스타디움 (Herzog+Meuron설계)
나오차오(鳥巢)라고도 불린다. 마치 나뭇가지로 엮은 새 둥지를 연상케 하며 기능만이 아닌 건축형상을 중요시한 스타디움

올림픽 수영경기장 (PTW+ARUP 설계)
수이리팡(WATER CUVE) 물방울 모양의 비닐 공기기층으로 형성된 외관은 단열 보온, 에너지재생역할을 하는 친환경 수영장

 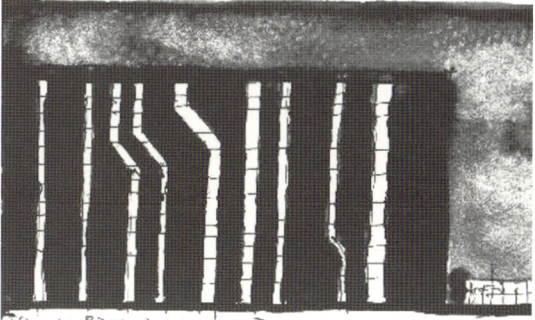

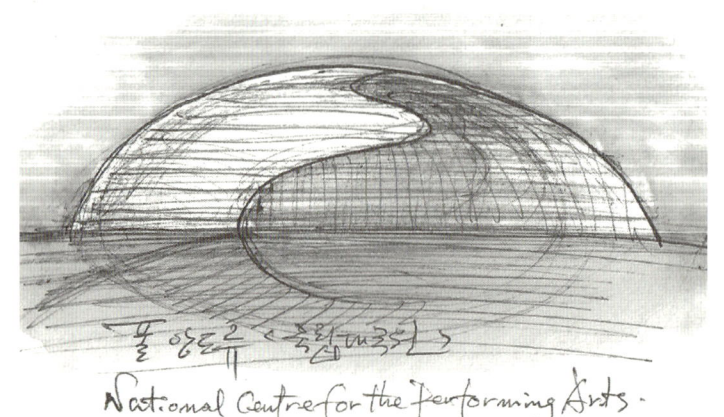

국립대극원 (폴 앙드류 설계)
대형연주장 4개가 있고 중화 사상을 표현한 태극 원형구가 인공 수면위에 드라마틱하게 떠있다. 프랑스 건축가가 중국의 사상을 현대건축으로 표현

북경 프레스센터
중국의 언론 출판을 관리하는 행정관청

북경수도박물관
북경올림픽을 겨냥해 2001년부터 신축공사를 시작해 2006년 초현대식 건물로 개관한 대규모 박물관. 도자기 출토 형상의 디자인이 건물 내외부에 강조되어 있다.

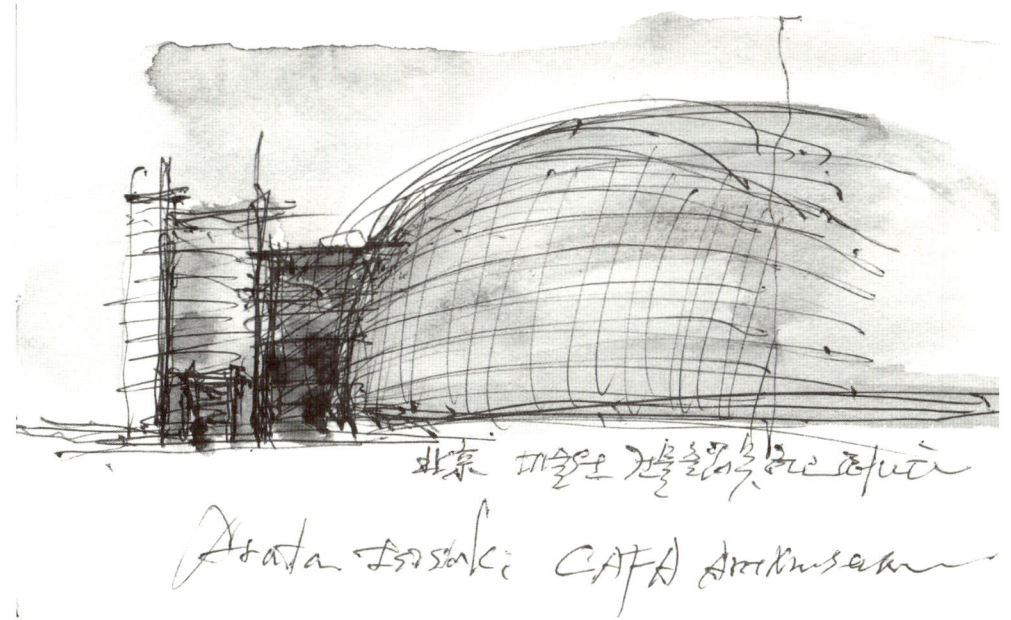

북경 미술원 (아라타 이소자키 설계)
원통으로 디자인된 특이한 형태로 국립미술대학과 전용전시장이 있다.

북경영화박물관
스타를 상징하는 별을 이미지화한 정면 파사드. 유구한 중국 영화의 역사가 전시되어 있는 대규모 전시장이다.

CCTV 사옥 (렘 콜하스 설계)
베이징의 이 건축이 탄생할 때에는 신선한 충격이었다. 구조적 언밸런스가 주는 불편한 긴장감, 모뉴멘탈한 조형성으로 인하여 도시에서 단연 눈에 띄는 건물이다.

천안문 (天安門)

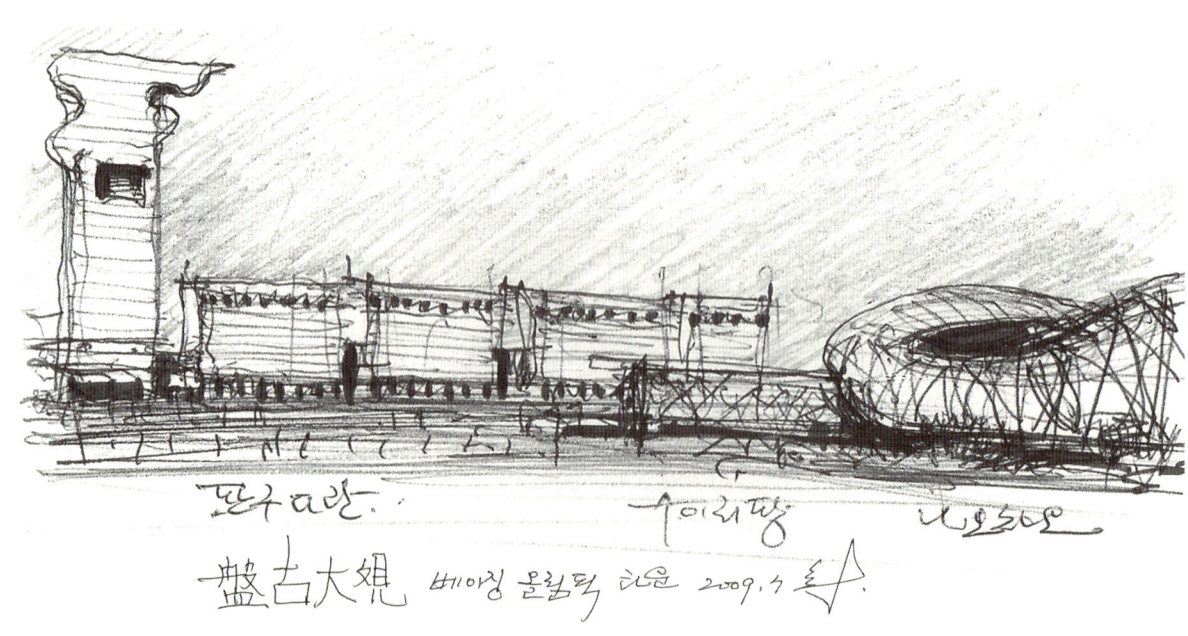

올림픽 메인스타디움 (Herzog+Meuron설계) + **본부호텔** (판구다관)
스타디움 이름은 나오차오(鳥巢)라고도 불린다. 마치 나무가지로 엮은 새 둥지를 연상케 하며
기능만이 아닌 건축형상을 중요시한 스타디움

The hall of prayer for Good Harvests

천단 (天壇)
황제가 하늘에 제사지내고 풍년을 기원했던 제단. 상단부는 원형 전체 기단은 4각형이다. 이는 하늘은 둥글고 땅은 4각이라는 고대 중화 사상을 상징한다. 중국의 상징적 건축 장소

따산즈798
1920년대의 과거 공장시설을 예술집단지구로 변화시킨 사례. 모택동 시절의 흔적과 기계배관들도 훌륭한 설치미술품의 역할을 한다. 세계 유명갤러리 큐레이터가 모여 있어 중국 작가의 세계진출에 교두보 역할을 하는 곳이다.

상해 푸동국제공항

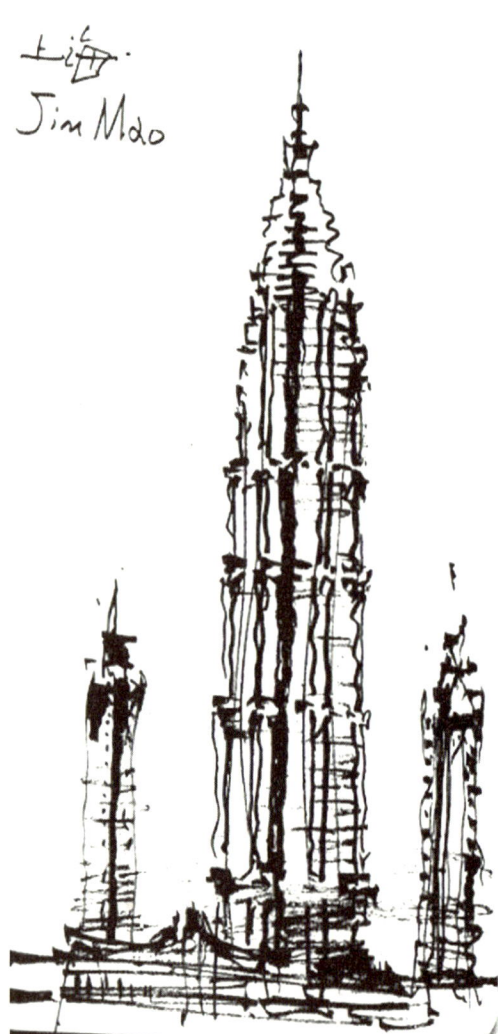

진마오 타워와 전통건축

진마오 빌딩 (SOM설계)
세계에서 세 번째, 한때 중국 최고의 진 마오 빌딩은 지상 88층, 지하 3층의 총 높이 420.5미터 초고층 빌딩으로 건축면적 29만 평방미터.
진마오 빌딩은 중국 목조탑의 이미지를 현대적 분위기와 중국의 민족적 품격을 살린 21세기 상해의 상징적 건축이다.

푸동지구(浦東地區)의 고층빌딩 이미지

상해 공산당 본부
1900년대의 근대건축
제정 러시아시대의 건축을 연상케 한다.

동방명주탑(東方明珠塔)
상하이 푸동지구의 높이 467m, 1994년 완공. 현재 101층의 상하이 세계금융센터가 492m로 상하이 1위, 88층의 366m의 진마오 빌딩이 2위, 동방명주탑은 세계에서는 네 번째로 높은 타워(Tower)이다.

2010 상해EXPO 중국관
전통건축의 재해석

東外灘예술센터 주변풍경
황포강에 바로 면해 있는 이곳을 2010 상해엑스포를 위해서 일대를 대대적으로 정비공사를 하였다. 부지에 있었던 여러 시설을 철거하지 않고 엑스포 유람선 선착장과 레스토랑 작업장, 사무실 등 각각의 기능으로 재생하였다.

사우디관
인기관으로 행사 후 중국관과 함께 철거하지 않고 전시관으로 남아있었다.
내부 램프웨이를 올라 입체 영상관을 체험한다.

예원 (豫園, 위위엔)
도시 안의 옛 정원 예원도 그러한 곳이다. 중국 남방의 정통 정원으로 소주의 4대 정원과 함께 강남명원으로 손꼽히는 곳이며 6세기 옛 중국을 대변하는 전통적 상하이 모습. 수백 가지의 造園의 요소가 있다. 명나라 1559년 착공 18년 만에 완공, 豫園은 북경의 황궁정원 이화원을 본떠서 만들었다고 한다. 담장들은 움직이는 용 문양으로 역동적이며 날렵한 정자 처마 장식, 건축 디자인 요소들의 정원에는 40여 개의 정자와 누각이 있으며 엘리자베스 여왕, 클린턴 대통령 등 국빈 방문 시 중국문화를 알리는 건축이다.

좁고 작은 기와.
날렵하고 예리한 처마의 중국 전통건축

오진烏鎭, 물의 고장
오진은 상해에서 항주로 가는 방향 1시간 40분여 거리의 전통 물의 마을(水鄕)이다. 오진(烏鎭) 서당(西塘) 남심(南尋) 주장(周庄) 동리(同里) 녹직을 중국 강남 6대 수향마을(江南6大水鄕)이라 일컫는다. 오진은 중국 강남에서 북경으로 연결된 '경항대운하'의 출발점이다.
오진은 수향마을 중 가장 늦게 관광지로 개발되었고 유네스코 문화유산 등재를 준비 중이다. 이곳에서 수많은 영화가 촬영되었다.

매우 좁고도 깊은 골목안. 중국의 전통건축은 골목은 좁고 담장은 유난히 높다.

마을 입구 광장에는 전통 경극 음악을 연주하는 무대 기능의 건축물이 있다.

마을입구의 선착장.
외부에서 배를 타고 운하마을에 도착한다.

마을 끝에 위치한 전통 목조탑　　오진 스케치로 만든 신년엽서

소주지역의 同里
물과 운하의 고장, 동양의 베니스라 불린다.

남경 (난징, 南京)
도시 개발 열풍으로 고층건축 현장이 즐비한 시가지

황산 (黃山)
두터운 운무에 쌓였다가 시간의 흐름에 따라서 서서히 형체를 드러내는 산의 자태 - 흑백의 모노크롬 -

구름의 흐름에 따라 산의 흐름도 흘러간다. 구름과 산이 어울려서 함께 춤을 춘다.

황산 - 너무 너무 큰 산,
스케치 북을 옆으로 펼쳐도 다 그려지지가 않는다.

산의 봉우리, 꼭대기, 능선 마다 제각기 서로 닮지않은 아름다운 자태를 지니고 있다.

황산의 꼭대기에는 콘크리트로 만든 정자가 하나 있었다.
산인데 왜 나무로 만들지 않았을까?
바람에 날려가 버릴테니까.
잠시 쉬어가는 쉼터라기 보다는 거대한 황산에 비해서는
너무나도 작은 미니어처 같은 정자이다.

벼랑위 한 그루 소나무
외로운 인고의 세월!

금강산 sketch

북녘의 산과 함께 출입국
관리소 건물이 나온다.
비로소 북으로 가는 길을 실감케 한다.
남북 출입국 관리소.
지척거리 남과 북을 넘나드는데
마치 먼 나라를 여행하듯
출입국관리소를 통과해야만 했다.

비무장지대(DMZ)를 지나면서
처음으로 만난 북측 초소,
사진을 찍을 수가 없다.
생애 한번일지도 모르는,
그냥 지나쳐 버리기에는
너무 안타까운 순간
스케치북을 급히 펼쳐들었다.

DMZ 생명 하나 움직임 하나 없는 듯 고요의
정적, 그 뿐이었다.

풀 한포기, 바위 하나,
물 한 방울조차도
50여년 동안을 정지해 있었던
것이다.

온정리로 차가 들어서면서 방문객을 반기는
'천하제일 금강산 환영'

남북이산가족 상봉의 장소였던 금강산에서 가장 시설좋은 외금강 호텔. 넓은 주차장에는 수많은 관광객을 실어 나를 관광버스가 줄지어 서있다.

도올 김용옥의 시와 글씨로 세겨진 현대그룹 고 정몽헌 회장의 추모비. 정 회장은 금강산 관광 개발과 시설 투자에 노력을 기울였다.

신계사 입구의 문필봉. 아름다운 미인송들은 안타깝게도 제선충으로 말라 죽어가고 있었다.

노래로만 불렀던 그리운 금강산!
그리웠던 금강산!

여행을 마치고 인제 진부령을 지나서 남으로 남으로 내려오는 길

최상대의 건축공간산책 – I

건축, 스케치로 읽고
문화로 느끼다

글과 스케치 | 최상대
발행 | 2013년 10월 10일
발행인 | 신중현
펴낸곳 | 도서출판 학이사
출판등록 | 제25100-2005-28호
주소 | 대구광역시 달서구 문화회관11안길 22-1(장동)
전화 | (053)554-3431, 3432
팩스 | (053)554-3433
홈페이지 | http://www.학이사.kr
ISBN | 978-89-93280-56-2 03610
표지제자 | 새암 이영숙

• 이 책에 실린 스케치와 글은 저자와 도서출판 학이사의 글로 된 허락 없이는 함부로 사용할 수 없습니다.
• 저자와의 협의에 따라 인지는 생략합니다.
• 값은 뒤표지에 있습니다.

「이 도서의 국립중앙도서관 출판시도서목록(CIP)은
서지정보유통지원시스템 홈페이지(http://seoji.nl.go.kr)와
국가자료공동목록시스템(http://www.nl.go.kr/kolisnet)에서 이용하실 수 있습니다.
(CIP제어번호: CIP2013019830)」